Rosa Schmidt gibt es wirklich, auch wenn sie in Wirklichkeit anders heißt. Sie ist seit 42 Jahren mit Günther Schmidt verheiratet und lebt in einer Kleinstadt.

Aufgezeichnet wurde das Tagebuch von Anne Hansen. Die Journalistin und Schriftstellerin absolvierte die Kölner Journalistenschule und studierte Politik und VWL in Köln und Potsdam. Heute lebt sie in Berlin und schreibt unter anderem für *stern*, *DIE ZEIT*, *Brigitte Woman* und die *Frankfurter Allgemeine Sonntagszeitung*. Sie hat bereits mehrere Romane veröffentlicht und landete 2014 mit dem Buch *Mein Mann, der Rentner* einen *Spiegel*-Bestseller.

Besuchen Sie uns auf www.penguin-verlag.de und Facebook.

ROSA SCHMIDT

MEIN MANN, DER RENTNER, UND DIESES INTERNET

DAS GEHEIME TAGEBUCH EINER EHEFRAU

PENGUIN VERLAG

Penguin Random House Verlagsgruppe FSC® N001967

3. Auflage 2025
Copyright © 2018 Penguin Verlag, München,
in der Penguin Random House Verlagsgruppe GmbH,
Neumarkter Str. 28, 81673 München
produktsicherheit@penguinrandomhouse.de
(Vorstehende Angaben sind zugleich
Pflichtinformationen nach GPSR)

Umschlaggestaltung: Hafen Werbeagentur, Hamburg
Umschlagmotiv: Illustration: Peter Bartels
Satz: Uhl + Massopust, Aalen
Druck und Bindung: GGP Media GmbH, Pößneck
Printed in Germany
ISBN 978-3-328-10239-7

www.penguin-verlag.de

Januar

Ommmmmmmmm

Sonntag, 1. Januar

Himmel, bin ich gerädert. Dabei wurde es gestern doch gar nicht so spät. Wir können auch nichts mehr ab. Wie spät ist es? 15 Uhr? Ach so, das geht ja, ich mach die Augen noch mal zu. Hach, tut das gut.

Eine Sekunde später
15 Uhr???

Montag, 2. Januar

Der Morgen nach dem Morgen danach. Das neue Jahr beginnt so schleppend, wie das alte aufgehört hat. Das Problem ist: Bis Oktober waren Günther und ich im permanenten Freizeitstress. Nachdem er vor zwei Jahren in Rente gegangen ist, haben wir die ersten zwölf Monate noch etwas mit dem neuen Status gefremdelt. Nun, das ist vielleicht etwas untertrieben. (Es war zugegebenermaßen ein Schock für uns alle.) Danach aber war der Knoten geplatzt, und wir verfielen in einen gewissen Aktionismus. Kochkurs »Mediterrane Küche« an der VHS, Discofox-

Kurs, Golf-Schnupperkurs, Wochenende in Paris. Kurz: Wir waren eines dieser Rentnerpärchen, die auf dem Fahrrad den Nachbarn »Immer auf Achse« zuriefen und die sogar – jaja, ich geb's zu – Postkarten mit dem Aufdruck »Viele Grüße aus dem Un-Ruhestand« verschickt haben.

Schon im Oktober aber trudelte unser Programm langsam aus.

Im November kam es endgültig zum Erliegen.

Inzwischen habe ich den dummen Verdacht, dass wir unsere Vorhaben hätten einteilen müssen. Ich meine, ich ärgere mich doch auch immer, wenn wir die Crossies während des *Tatorts* schon aufgegessen haben, bevor das erste Verhör stattfindet. Strecken ist das Stichwort! Bis wir achtzig werden, hätten wir schön im Zweijahrestakt irgendeinen Kurs belegen können. Aber nein, wir mussten ja alles in ein einziges Jahr quetschen.

Als ich zwischen den Jahren Ute (meine beste Freundin) getroffen habe und ihr von Günther erzählte, der mal wieder mit dem Sudoku-Block auf dem Sofa saß und Herrenschokolade futterte, seufzte sie wissend und sagte mit getragener Stimme: »Im ersten Jahr im Ruhestand findet man sich, im zweiten wird man aktiv, und im dritten kommt das große Loch.«

»Ist das ein chinesisches Sprichwort?«, fragte ich.

»Nein, das ist von mir«, sagte Ute. »Erfahrung, meine Liebe. Erfahrung.«

Irgendwann, meinte Ute, leben alle Rentner von Feiertag zu Feiertag. Oder von Renovierung zu Renovierung. »Großer Gott, du müsstest das Haus der Schröders sehen. Wie bei *Schöner Wohnen*! Aber die sind auch schon acht Jahre in Rente!«

Vielleicht sind die Feiertage für Günther und mich schon einmal ein Anfang. Irgendwas wird kommen. Ist nicht schon bald Ostern? Günther könnte sich doch schon mal in die Vorbereitung stürzen und zum Beispiel diese niedlichen Holzhasen basteln, die sie mal im *ARD-Buffet* gezeigt haben. Könnte er nicht die ganzen Vorgärten in der Nachbarschaft damit bestücken? Sehe schon vor mir, wie Günther in wochenlanger Heimarbeit Holzhasen aussägt.

18 Uhr
Habe nachgeschaut. Ostern ist dieses Jahr spät. Mitte April. War das nicht manchmal wenigstens schon im März???

Montag, 9. Januar

Das Wetter zermürbt mich. Seit einer Woche haben wir Schneematsch. Und grauen Himmel. Durchgängig. Ich mache mir schon ernsthaft Sorgen um meinen Vitamin-D-Spiegel. Außerdem macht mich Günther in dieser Wetterlage wahnsinnig. Ich meine, einen Sommerrentner lasse ich mir gefallen – gibt es dieses Wort? Nun, es ist klar, was ich meine. Im Sommer gibt es so viel für Günther zu tun (Garten! Vorgarten! Auto putzen! Fahrradtouren!), dass es gar nicht weiter auffällt, dass er keine Fünfzigstundenwoche mehr hat. Aber ein Winterrentner? Das ist die wahre Prüfung! Alles findet drinnen statt. Genauer: in unserem Wohnzimmer. In unserer Küche. Oder in Günthers Arbeitszimmer.

Deswegen beneide ich Leute, die in den Bergen wohnen. Hach, ich stelle mir das herrlich vor. Morgens packen die Rentnermänner dort zeitig ihre Skisachen zusammen, verabreden sich mit anderen Rentnermännern am Sessellift, verbringen den Tag gemeinsam auf der Piste, trinken dann noch ein Bierchen auf einer Hütte und kommen spätabends mit roten Wangen wieder nach Hause. Aber uns im Flachland? Uns bleibt doch nichts.

Habe den ganzen Vormittag ernsthaft darüber nachgedacht, ob wir uns in den Bergen nicht eine neue Existenz aufbauen sollten. Zugegeben, ich kann mir Günther nicht ganz in einer Lederhose vorstellen, aber warum nicht noch einmal ganz neu anfangen?

Musste bei dem Gedanken dann aber doch schlucken und an meine Treffen mit Ute denken. An Tante Lotti (die Schwester meines Vaters), die im Heim lebt und die ich fast jeden Tag besuche. An unseren wunderschönen Garten. An die Geburtstagskaffeerunden mit den Frauen aus der Nachbarschaft. Und selbst die soziale Kontrolle (unsere Nachbarin Doris kann genau in unser Schlafzimmerfenster sehen und beobachtet jeden Tag akribisch, wann wir aufstehen) würde mir fehlen.

Ich hatte mich so in die Vorstellung, das alles hinter mir lassen zu müssen, hineingesteigert, dass mir doch tatsächlich die Tränen in die Augen stiegen. Plötzlich kam Günther ins Wohnzimmer.

»Was hast du?«, fragte er besorgt, als er mich traurig ins Leere starren sah.

»Ach, nichts«, schniefte ich. »Ich dachte nur, wir müssten umziehen.«

Ratloses Schweigen. (Ich weiß seit über vierzig Jahren,

dass ein Ingenieur nicht viel spricht, aber irgendwie irritiert es mich immer noch.)

»Und nun?«, fragte er schließlich ein wenig unbeholfen.

»Und nun!«, rief ich. »Genau das frage ich mich auch!«

Zwei Stunden später

Günther steht im Wohnzimmer und bügelt – ich traue meinen Augen nicht – Bettwäsche.

»Die muss doch nicht gebügelt werden«, stoße ich in einer Mischung aus Wut und Hilflosigkeit hervor.

Günther bügelt stoisch weiter und sagt trotzig: »Ich bügele doch nur eine Seite!«

Abends

Eine Stunde mit Julia telefoniert.

»Papa bügelt Bettwäsche.«

Julia lachte, was ich überhaupt nicht witzig fand.

»Papa verfällt wieder in alte Muster«, jammerte ich weiter. Julia lachte wieder. Sie hat einen komischen Humor.

»Mama, seid ihr nicht über den Punkt hinweg? Genieß doch die Ruhe jetzt mal. Ich hör dich schon wieder schimpfen, dass ihr permanent im Freizeitstress seid.«

»Schön wär's«, murrte ich. »Ich meine, wir haben ja alles schon durch. Was kommt denn jetzt?«

»Irgendwas wird kommen«, seufzte Julia besonnen und klang wie eine Therapeutin, die beruhigend auf eine Depressive einredet.

Haben dann noch lange über ihre neue Arbeit gesprochen. Seit sie nicht mehr in der Buchhandlung arbeitet, sondern in diesem Start-up (keine Ahnung, was sie da genau macht, ich habe es bis heute nicht verstanden), ist sie permanent überlastet. Sogar abends haben die oft noch Sitzungen, das wird dann als »Wir-verstehen-uns-so-gut-dass-Freizeit-und-Arbeit-ineinander-übergehen« verkauft. Nach der anfänglichen Euphorie ist Julia dort inzwischen ziemlich unglücklich (was sie natürlich nie zugeben würde). Aber als sie über Weihnachten zu Hause war, hat sie jeden Tag fast elf Stunden geschlafen. Und war trotzdem noch k.o. Die Situation mit ihrem Freund Richard macht es nicht besser. Er hat ihr schon vor anderthalb Jahren einen Heiratsantrag gemacht. Aber raten Sie mal. Richtig! Bis heute haben sie nicht geheiratet. Der Termin wurde immer wieder verschoben, weil Richard angeblich beruflich so eingespannt ist. Julia tut so, als sei es kein Problem. Aber ich weiß, dass sie eigentlich zutiefst enttäuscht ist. Um sie ein wenig aufzuheitern, mache ich aber gute Miene zum bösen Spiel und sage so abstruse Dinge wie »Es läuft euch ja nicht weg« oder »Wenn man gehetzt heiratet, hat man nicht viel davon«. Von wegen. Wo ein Wille ist, ist auch ein Weg. Ich meine, wenn Richard sie wirklich heiraten möchte, hätte sich doch schon längst ein Termin finden lassen. Aber was lehrt uns die Erfahrung? Man darf Männer nicht unter Druck setzen. Als ich Günther in den Tennisverein quatschen wollte, nachdem er in Rente gegangen war, schaltete er komplett auf stur und lag danach tagelang nur auf dem Sofa.

Also: Ommmmmmmmm.

Eine Hochzeit wird kommen.

Und eine Beschäftigung für Günther.

Samstag, 14. Januar

Hurra, geht doch! Günther hat ein neues Projekt. Er hat heute feierlich beschlossen, dass unsere Zettelwirtschaft aufhören soll (was ich grundsätzlich begrüße!). Beim Büro Kerber hat er gleich nach dem Frühstück ein DIN A3 großes Haushaltsbuch gekauft. So weit, so gut. Doch nun kommt's. In das Buch soll alles (!) rein. Also nicht nur unsere Ausgaben und Belege, sondern alle Termine, die wir so haben (Arzttermine, aber auch private Treffen!), und sogar, wen wir angerufen (!) haben.

»Ich fasse mal zusammen«, sage ich, als Günther mir seine Vision für unsere neue Ordnung offenbart. »Wir sollen also über uns selbst eine Stasi-Akte anlegen.«

»Rosa, übertreib doch nicht immer so. Es ist einfach sträflich, dass wir so etwas noch nicht gemacht haben. Wir haben ja überhaupt keinen Überblick über unser Leben.«

Außerdem hat er in einem Prospekt von Netto gesehen, dass es da zwischen sieben und neun Uhr einen Frühaufsteher-Rabatt gibt. Jeder Angebotszettel von den Supermärkten soll fortan aufbewahrt und im Heft abgelegt werden. Zitat Günther: »Achte bitte immer darauf, ob unsere Filiale an der Aktion auch teilnimmt. Du findest eine Auflistung meist auf den Rückseiten. Sonst wäre ja alles umsonst.«

Bis zum jeweiligen fünften Tag des darauffolgenden Monats will Günther dann alle Ausgaben auswerten. Er wird mir dann »eine Analyse präsentieren«. Stelle mir vor, wie er mir eine Excel-Tabelle vorlegt und mit strenger Stimme sagt: »Du hast am Dienstag, den 23. Januar, um

14.02 Uhr bei Aldi einen *Original französischen Weichkäse neun Scheiben* für 1,19 Euro gekauft. Am Mittwoch, den 24. Januar, warst du um 17.32 Uhr wieder dort und hast drei Milchtüten gekauft. Frage: Hättest du beide Einkäufe nicht zusammenführen können? Anders gefragt: Gab es einen zwingenden Grund, warum der Weichkäse noch am Dienstagabend gegessen werden musste? Und hätte es ein vergleichbares Produkt nicht auch bei Netto gegeben? Wenn du dann zwischen sieben und neun Uhr dort gewesen wärst, hätten wir zehn Prozent Frühaufsteher-Rabatt einstreichen können. Vorausgesetzt, der Grundpreis ist in beiden Läden identisch. Das müsste man beizeiten mal recherchieren.«

Ogottogottogottogott.

Abends

Sitze am Wohnzimmertisch und klebe doch tatsächlich die Belege von heute in das Haushaltbuch. Wenn wir irgendwann gefragt werden, wie wir unseren Lebensabend verbracht haben, werde ich wohl antworten müssen: »Nun, wir haben Kassenbons sortiert.«

Günther liest währenddessen zufrieden in der Zeitung. Zwischendurch sagt er Dinge wie: »Denk bitte dran, die Bons bündig einzukleben.« Was soll's. Eine verzweifelte Ehefrau macht auch alles mit.

Plötzlich ruft Günther: »Warum!«

»Warum was?«

»Das wäre doch mal eine schöne neue Rubrik für die Zeitung. Man könnte sich jedes Mal einen Politiker vornehmen. Warum verdient er so viel? Warum ist der noch im Amt? Solche Fragen eben. Man könnte das als wöchentliche Rubrik aufziehen. Warum – kurz und knapp, das merken sich die Leser.« Er macht eine Pause und hält ergriffen inne. »Man müsste sich das Wort schützen lassen.«

»Du hast recht«, antworte ich. Ich hebe das Haushaltsbuch wie ein Protestplakat in die Luft und rufe: »WARUM?«

Freitag, 20. Januar

Wieder lange mit Julia telefoniert. Günther hat heute Morgen zwei gewaschene Handtücher über die Heizung im Wohnzimmer gehängt. Eins vertikal, eins horizontal. Er wollte ausprobieren, »ob die Hängung Auswirkungen auf die Schnelligkeit der Trocknung hat«.

Julia meinte, ich solle mich da nicht hineinsteigern. Im Januar habe doch jeder Probleme, ins neue Jahr durchzustarten. Außerdem machte sie kryptische Andeutungen, dass sie irgendwas in die Post gegeben habe. Was das mit uns zu tun haben soll, erschließt sich mir nicht.

»Ich drehe wirklich noch durch«, sagte ich. »Gestern habe ich schon überlegt, bei Aldi jedes Teil einzeln zu bezahlen, damit Papa abends mehr Bons zu sortieren hat.« Ich musste schlucken. »Das bin doch gar nicht ich!«

Nachmittags war ich noch kurz in der Stadt Handschuhe kaufen. Meine Finger sind in den letzten Tagen mehrmals richtig eingefroren, als ich draußen war. Fühlte mich wie eine Hundertjährige, deren Arthrose austherapiert ist. Als ich neulich beim Bäcker bezahlen wollte, waren die Finger so steif, dass ich an *Edward mit den Scherenhänden* denken musste, während ich in meinem Portemonnaie nach den Münzen kramte und keine so richtig zu packen bekam. Also bin ich heute zu Sport-Meyer am Markt gegangen. Ich muss einen ziemlich verfrorenen Eindruck gemacht haben, denn als ich das Wort »Handschuhe« sagte, strahlte der Verkäufer mich an und rief: »Ich habe genau das Richtige für Sie!« Er lief durch den ganzen Laden, ich taperte steif hinter ihm her. Dann hielt er plötzlich vor einem Regal an und zog ein Paar Handschuhe heraus. »Darf ich vorstellen«, sagte er feierlich, »der erste Handschuh mit regulierbarer Heizung. Zwei Heizelemente sind in das Futter integriert, Heizstufenanzeige inklusive. Die Akkus können Sie austauschen. Und das Beste: Die Handschuhe sind gerade im Angebot. Statt 299,95 Euro zahlen Sie nur 269,95 Euro.« Er sah mich erwartungsvoll an. Ich muss nicht nur ziemlich verfroren, sondern auch noch ziemlich reich gewirkt haben. Immerhin. Verließ dankend den Laden und kramte zu Hause noch alte Wildleder-Fäustlinge von Tante Lotti aus einer Schublade, bei denen am Daumen die Nähte gerissen sind.

Den Abend mit Stopfen und danach Kassenbons-Einkleben verbracht. Willkommen im Rentnerdasein.

Februar

Familienzuwachs

Mittwoch, 1. Februar

»Hallo ihr zwei, hier kommt euer neues Leben ;) Viel Spaß damit!«

Die Karte von Julia liegt zusammengefaltet in einem hübsch eingepackten Karton, der heute mit der Post gekommen ist. Als Günther und ich in den ersten Monaten seines Ruhestandes in einer Art Schockstarre waren, war Julia fest der Meinung, dass die Anschaffung eines Hundes die Lösung all unserer Probleme wäre. Günther hätte was zu tun (Gassi gehen, Fellpflege, Hundeschule, was da alles zusammenkommt!), und ich hätte mein altes Leben zurück. Mit einem Mann an meiner Seite, der beschäftigt ist.

Schaue auf den Karton und kann mir nicht vorstellen, dass sie da irgendwie einen kleinen wuscheligen Terrier verpackt hat. Aber was versteht sie sonst unter »neuem Leben«? Gespannt öffne ich den Karton, in dem ich unter einer dicken Folie (so eine, bei der man diese kleinen Luftpolsterchen platzen lassen kann) einen kleinen Computer entdecke. Julia hatte so ein Gerät zu Weihnachten mit nach Hause gebracht und uns damit in den Wahnsinn getrieben. Ständig hatte sie das Ding auf dem Schoß (sogar beim Fernsehen!), um was auch immer damit zu tun. (Ich habe den Sinn dieser Dauerberieselung bis heute nicht verstanden.)

Rufe bei Julia an, warum es nicht doch ein Hund getan hätte.

Zwei Stunden später

Wenn es nach Julia geht, sind Günther und ich diejenigen, die das Ding in Zukunft auf dem Schoß haben. »Überleg doch mal, was ihr damit alles machen könnt. Ihr könnt mir E-Mails schreiben, Papa kann alle möglichen technischen Dinge recherchieren, und du...«, sie stockte, »kannst dir neue Rezepte raussuchen.«

Klar, für die Mutter bleiben Rezepte! Was für eine Rollenverteilung haben wir unserem Kind bloß vermittelt?!

Der Computer heißt übrigens »Tablet«, wie Julia mir erklärte, englisch ausgesprochen.

»Ich weiß, dass das ein Tablett ist«, sagte ich.

»Tablet«, korrigierte mich Julia und lachte.

Sie selbst habe von der neuen Firma ein anderes Modell bekommen und dachte, dass es doch eine »super Idee« sei, wenn ihre Eltern »noch einmal dieses Ding namens Internet« entdecken würden, wie sie lachend erzählte.

Ich finde es ja wirklich nett von Julia, dass sie es uns schenkt, aber ich befürchte, dass wir es nicht oft benutzen werden. Ich meine, wir sind nun immerhin schon 65 Jahre ohne dieses Internet ausgekommen.

»Außerdem haben wir ja einen Computer«, sagte ich.

»Mama, du meinst nicht diese Möhre in Papas Arbeitszimmer, oder?«

Noch aus Julias Schulzeiten haben wir einen Computer, an dem sie damals nach der Schule manchmal irgendwelche Spiele gespielt hat. Zugegeben, er ist schon ein wenig in die Jahre gekommen. Wie lange ist Julias Abi her? Gott bewahre, hat sie nicht bald zwanzigjähriges Jubiläum? Aber ich bin mir sicher, dass der Computer noch funktionstüchtig ist. Aber ob der Internet kann?

»Danke«, sagte ich. »Du musst uns aber wirklich nicht so teure Sachen schenken! Das ist doch viel zu viel. Und beschwer dich bitte nicht, wenn der bei uns einstaubt. Du weißt doch, Papa und ich haben es nicht mit so was.«

20 Uhr
Günther sitzt mit dem Tablett am Esstisch und schreibt auf einem großen Zettel fein säuberlich Teile der Bedienungsanleitung ab.

»Bildschirme synchronisieren und Videoausgabe: Unterstützung für bis zu 1080p, anzeigbare Dokumenttypen: .jpg, .tiff und .gif.«

»Sagen dir diese Dinge denn etwas?«, frage ich entgeistert. Ich weiß, dass Günther in der Firma nicht viel mit dem Computer zu tun hatte.

»Noch nicht«, sagt er und betont das »noch«. Sehe, wie er enthusiastisch »Multi-Touch Widescreendisplay mit LED-Hintergrund-Beleuchtung und IPS-Technologie (24,63 cm Diagonale)« notiert und dahinter – warum auch immer – ein großes Ausrufezeichen setzt.

Freitag, 3. Februar

War heute den ganzen Nachmittag bei Tante Lotti im Heim. Eigentlich wollte ich nur kurz auf dem Rückweg aus der Stadt bei ihr vorbeischauen, aber als ich ihr Zimmer betrat und sie mit Wilhelm Reinke Sekt trinkend in der Polsterecke sitzen sah, wusste ich: Da ist was im Busch.

Wilhelm Reinke ist nämlich mit seinen stolzen einundneunzig Jahren immer noch *der* Charmeur im Heim, und seit zwei Jahren haben er und Tante Lotti eine On-off-Beziehung, wie Julia immer sagt. Sitzen sie den einen Tag Händchen haltend im Wintergarten, spricht Tante Lotti am nächsten Tag kein Wort mehr mit ihm, weil er Frau Bruhns gesagt hat, was für einen schönen Rollator sie doch habe. So geht das nun schon seit zwei Jahren.

(Man kann den tagesindividuellen Zuneigungsstatus übrigens immer daran erkennen, ob Tante Lotti von »Wilhelm« oder von »Wilhelm Reinke« spricht. So wie ich die beiden jetzt sah, waren wir heute eindeutig bei »Wilhelm«. Oder schon »Willi«???)

»Rosa«, raunte Wilhelm Reinke und erhob sich. »Die Sonne geht auf, wenn du kommst.«

Sah, wie Tante Lotti die Augen verdrehte.

»Wilhelm«, seufzte sie und zog ihn am Jackett wieder runter zu sich aufs Sofa.

»Na, ihr habt es euch aber gemütlich gemacht«, sagte ich und lachte. »Gibt es was zu feiern?« Das war eigentlich eine rhetorische Frage, aber zu meiner Überraschung erhob sich Wilhelm Reinke erneut und machte – um Himmels willen, was kam jetzt??? – einen Diener.

»In der Tat. Lotti und ich…« Er räusperte sich. »Liebling, möchtest du?« Er wandte sich an Tante Lotti, die beim Wort »Liebling« rot wie ein Teenager wurde.

»Nun…«, setzte sie an. »Wir wollten es dir und Günther eigentlich am Wochenende in Ruhe sagen. Aber da du nun schon einmal hier bist.« Sie nahm einen großen Schluck aus ihrem Sektglas und stieß schließlich ohne Punkt und Komma hervor: »Wilhelm-hat-mir-einen-Antrag-gemacht-und-ich-möchte-annehmen-aber-Manfred-ist-dagegen-weil-er-meint-dass-ihr-ihm-das-Erbe-wegnehmen-wollt.«

Ich kam überhaupt nicht mehr mit. Wer war Manfred? Welches Erbe? Und überhaupt: Antrag???

Ich musste mich setzen.

Nach und nach rückten Wilhelm Reinke und Tante Lotti mit der Sprache raus.

Wilhelm Reinke hatte ihr an Silvester auf Knien – »Und das mit seiner Prothese, Rosa!« – einen Heiratsantrag gemacht. Nachdem er – immer noch auf Knien! – das Liebesgedicht *Meiner Liebe Flammen* von Heinrich Heine rezitiert hatte, hielt er um ihre Hand an, und Tante Lotti fing an zu weinen. Schluchzend habe sie irgendwann »Ja« hervorgebracht, woraufhin Wilhelm Reinke endlich wieder aufstehen durfte. Die beiden hatten sich vorgenommen, bis zum Wochenende dichtzuhalten und uns und Manfred, Wilhelm Reinkes Sohn, wie ich jetzt erfuhr, in einer feierlichen Zeremonie von ihren Plänen zu berichten.

Dummerweise war Manfred gestern auf einen spontanen Besuch vorbeigekommen, und so hatten sie ihm von der bevorstehenden Hochzeit erzählt. Manfred war daraufhin »komplett ausgetickt«, wie Tante Lotti erzählte – woher hat sie diesen Ausdruck??? –, und hatte sich überhaupt nicht »zugetan gezeigt«, wie Wilhelm Reinke es nannte. »Das ist noch sehr positiv ausgedrückt, Rosa. Du weißt, wie sorgsam ich meine Worte wähle.« Manfred habe nicht nur gefragt, warum zwei Um-die-Neunzig-Jährige noch heiraten müssen, sondern auch gleich an die erbrechtlichen Konsequenzen gedacht.

»Ich meine«, sagte Tante Lotti und sah mich unglücklich an, »du willst ihm doch nicht das Haus im Schwarzwald wegnehmen, oder?«

»Mein Gott, nein!«, rief ich und holte den Nusslikör aus Tante Lottis Vitrine.

Jetzt brauchte ich Alkohol.

Als ich nach Hause kam, saß Günther mit konzentrierter Miene vor dem Tablett. »Tante Lotti und Wilhelm Reinke wollen heiraten«, stieß ich außer Atem hervor.

»Ha!«, rief Günther und starrte weiter auf den Bildschirm. »Kennwort angenommen. Rosa, wir haben eine E-Mail-Adresse.« Er klatschte sich auf die Schenkel. »Was hast du gesagt?«

Sonntag, 5. Februar

Musste Julia schonend beibringen, dass meine 86-jährige Tante vor ihr heiratet. Sie hat es mit Humor genommen. »Richard und ich können ja Blumenkinder werden«, lachte sie. »Nein, wirklich, ist doch süß, dass Tante Lotti noch mal heiratet. Ich finde das toll!«

Ich finde es mittlerweile auch wunderbar, dass die beiden in ihrem Alter diesen Schritt noch gehen wollen. Bin ja schon wahnsinnig auf MM gespannt – so hat Julia den Sohn von Wilhelm Reinke genannt: Miesmacher Manfred. Nächstes Wochenende soll die große Familienzusammenführung stattfinden, und ich hoffe doch sehr, dass er sich wieder beruhigt hat und sich in der Zwischenzeit auch über die Hochzeit freut. Während des Abendbrots haben Günther und ich überlegt, in welchem familiären Verhältnis MM dann zu uns steht. Günther und ich waren noch nie gut in so etwas, aber dieses Mal mussten wir bei der einen oder anderen Folgerung gehörig durcheinandergekommen sein. Denn plötzlich sagte Günther: »Das würde ja bedeuten, dass Manfred unser Sohn ist.«

Freitag, 10. Februar

Aufregung war völlig umsonst. MM hat das Treffen abgesagt. Er musste kurzfristig beruflich ins Ausland und ist erst in zwei Wochen wieder im Lande. Wie sich herausgestellt hat, ist Manfred zwar schon 68 Jahre alt (und damit Rentner!), aber er arbeitet ehrenamtlich bei einem sogenannten Senioren-Experten-Service, wie Wilhelm Reinke uns erzählt hat. Projektweise geht Manfred für ein paar Wochen im Jahr ins Ausland, um den Menschen vor Ort das Brunnenbauen zu erklären (Kurzfassung). Letztes Jahr war er sogar einen Monat in Tansania. »Seitdem er im Ruhestand ist, ist er ein richtiger Handlungsreisender. Er ist quasi permanent beschäftigt«, erzählte Wilhelm Reinke. »Wobei ich natürlich hoffe, dass er nicht wie William Loman endet.« Muss fragend aus der Wäsche geschaut haben, denn Wilhelm Reinke fügte gnädigerweise hinzu: »Tod eines Handlungsreisenden, Arthur Miller. Starkes Drama. Wobei ich die Schlöndorff-Inszenierung für überschätzt halte.«

Wenn ich die Worte »Ruhestand« und »beschäftigt« höre, zucke ich immer noch kurz zusammen. Aber es gibt Hoffnung. Günther steht seit ein paar Tagen mit dem Tablett im Garten und verfolgt auf irgendeiner Seite, welche Flugzeuge gerade über uns hinwegfliegen. Was weiß ich, wie das geht. Aber er gibt unsere Adresse ein, sieht dann in den Himmel und sagt Sachen wie: »Da, eine Boeing 777-3DZ, Qatar Airways von Doha nach Amsterdam, 577 kts Ground Speed, heiliger Bimbam.«

Er kann das Stunden tun.

Tage.

Jahre?

Ich glaube, jetzt wird alles gut.

Sonntag, 12. Februar

9 Uhr

Grauenhaften Traum gehabt. Gorbatschow saß bei uns in der Gartenlaube und wollte mit mir über Vor- und Nachteile von Drohnen sprechen. Bin vollkommen gerädert. Je älter ich werde, desto wirrer werden die Träume.

Als ich schlaftrunken in die Küche komme, sitzt Günther mit dem Tablett am Tisch. »Morgen. Gut, dass du endlich wach bist: Was meinst du? Soll ich Skype installieren?«

»Skype?« Wovon redet der Mann?

Günther lacht. »Ha! Das war eine Falle. Skype *ist* natürlich schon installiert. Ich wollte nur dein Gesicht sehen. Meine Güte, Rosa«, er stockt. »Du hast wirklich Nachholbedarf. Willst du nicht mal einen Computerkurs besuchen? Eine Partnerschaft sollte schon auf Augenhöhe sein.«

Zwei Fragen und eine Erkenntnis:

1. Seit wann redet Günther morgens so viel?
2. Seit wann redet Günther von »einer Partnerschaft auf Augenhöhe«? (Hat er heimlich meine *Brigitte* gelesen?)
3. Ich brauche jetzt Kaffee!

Abends

Skype, klärte mich Günther in einem Oberlehrerton auf, ist übrigens ein Computerprogramm, mit dem wir mit Julia sprechen und sie dabei sehen können.

»Sie kommt bestimmt bald zu Besuch«, entgegnete ich. »Da können wir auch mit ihr sprechen und sie dabei sehen.« (Messerscharfe Logik, oder?!)

Dienstag, 14. Februar

Julia rief weinend an. »Richard und ich können keine Blumenkinder bei Tante Lotti sein. Er will eine Auszeit.« Sie kommt übers Wochenende spontan zu uns. Will wirklich nicht altklug klingen, aber habe ich nicht gesagt, dass wir dieses Skype nicht brauchen?!

Mittwoch, 15. Februar

11 Uhr

Es ist doch immer wieder seltsam, wie unterschiedlich Männer und Frauen ticken. Während ich die ganze Zeit an Julia denken muss und schon ernsthaft überlegt habe, unser Gästezimmer wieder in ihr Kinderzimmer zu verwandeln, damit sie wieder bei uns einziehen kann (blöder Richard, wie kann er ihr das nur antun?!), ist Günther anscheinend von einem anderen Gedanken besessen: »Rosa soll eine E-Mail schreiben.«

Gerade fing er mich fast schon heimtückisch in der Küche ab. »Gut, dass du da bist«, rief er. »Jetzt bist du dran«, sagte er feierlich und zeigte auf das Tablett vor ihm. »Der große Moment ist gekommen: Du schreibst eine E-Mail!« Er trommelte mit seinen Zeigefingern auf den Tisch, als würde er einen Tusch imitieren.

»Günther, ich hab wirklich gerade keinen Kopf dafür. Ich will gleich in die Stadt, außerdem muss ich noch …«

»Rosa, keine Ausreden! Wenn man etwas wirklich möchte, nimmt man sich die Zeit. Und genau da liegt nämlich auch dein Problem: Du willst es gar nicht.«

»Es geht nicht ums Wollen, ich sehe den Sinn einfach nicht. Wem sollte ich überhaupt eine E-Mail schreiben? Da fängt es doch schon an!«

»Na …«, überlegte er, »Ute zum Beispiel.«

»Ute? Die hat doch keine E-Mail-Adresse.« Ich stieß einen Pff-Laut aus à la »deine Annahme ist wirklich abstrus«.

Günther stieß einen Pff-Laut aus à la »dass du das abstrus findest, ist wirklich abstrus«.

11.02 Uhr
Günther und ich wetten um ein selbst gekochtes Drei-Gänge-Menü, ob Ute eine E-Mail-Adresse hat.

11.05 Uhr
Rufe Ute an, doch sie nimmt nicht ab. Günther sitzt grinsend am Küchentisch und reibt sich den Bauch. »Hast du dir schon überlegt, was du kochen willst?«

11.06 Uhr
Ute nimmt auch auf dem Handy nicht ab. Günther sagt: »Tiramisu hast du auch schon lange nicht mehr gemacht. Ich weiß, es ist aufwendig. Aber nimm dich dem doch mal wieder an!« Er lacht.

12.00 Uhr
Das Telefon klingelt, Ute!

Komme gleich zum Punkt und rufe ohne Erklärung in den Hörer: »Hast du eine E-Mail-Adresse?« (Rege mich immer auf, wenn der Kandidat bei *Wer wird Millionär?* seinen Telefonjoker anruft und dann durch die langatmige Begrüßung »Hallo Udo«, »Hallo Michael«, »Also, hier ist die Frage:...« wertvolle Sekunden verliert. Ich meine, die haben doch ohnehin nur so wenig Zeit, und dann verplempern sie die ersten fünf Sekunden damit, sich zu sagen, wie sie heißen.)

»Ja, warum fragst du?«, höre ich Ute sagen.

Nein!

Zähneknirschend ihre E-Mail-Adresse aufgeschrieben. Sie habe sie übrigens »für dies und das«.

?????

12.20 Uhr

Habe gerade die E-Mail an Ute rausgeschickt.

Betreff: WARUMHASTDUEINEEMAILADRESSE?

Inhalt: »Liebe Ute, hier kommt eine Test-Mail, zu der Günther mich zwingt. Er sitzt gerade neben mir. Hilfst du mir beim Kochen? Bis bald. Rosa.«

Donnerstag, 16. Februar

Erkenntnis des Tages: Tante Lotti und Julia dürfen sich am Wochenende nicht über den Weg laufen. Tante Lotti schwebt so auf Wolke sieben, dass ich das Julia in ihrer jetzigen Verfassung nicht zumuten kann. Als ich heute kurz im Heim vorbeigefahren bin, waren Tante Lotti und Wilhelm Reinke gerade dabei, ihre Hochzeitsfeier zu organisieren. Sie saßen im Wintergarten und diskutierten, ob es nachmittags lieber Plunder geben soll (»Die können alle gut beißen.«) oder doch lieber die richtig edlen Erdnusspralinen aus der Patisserie Rothschild (»Auch auf die Gefahr hin, dass die eine oder andere Krone über den Jordan geht.«). Tante Lotti hatte rote Wangen und sah aus wie ein verliebter Teenager.

»Ihr wollt also wirklich Nägel mit Köpfen machen?«, fragte ich, woraufhin Wilhelm Reinke »Meine Teuerste lass ich nicht mehr gehen!« rief und Tante Lotti wieder rot wurde. Beziehungsweise: noch röter wurde.

»Und was sagt jetzt Manfred dazu?«

»Wir haben nicht wieder mit ihm gesprochen«, antwortete Wilhelm Reinke. »Wenn er uns seinen Segen geben möchte, freuen wir uns. Ansonsten können wir es leider nicht ändern.«

»Wilhelm vergleicht uns immer mit Tristan und Isolde«, kicherte Tante Lotti. »Wir haben von einem Liebestrunk gekostet und können einfach nicht anders.«

»Nimmt das Stück nicht ein… nun… nicht ganz so schönes Ende?«, fragte ich vorsichtig.

»Wir starten wie Tristan und Isolde und enden wie Leonce und Lena«, verkündete Wilhelm Reinke mit feierlicher Stimme. »Für immer vereint.« Tante Lotti seufzte.

Ein Datum haben die beiden auch schon festgelegt: Es wird der 5. April, der Geburtstag von Wilhelm Reinkes Mutter. Und auch der Ablauf ist bereits fix: Um zehn Uhr kommt Simone und macht Tante Lotti die Haare, um elf Uhr geht es mit dem Taxi zur Kirche, nach der Trauung (alles ist schon mit Pastor Böhnlein besprochen, der im Heim jede Woche die Andacht hält) ist ein Mittagessen mit der Familie (sprich uns und MM) im Hotel Schönbrunn geplant, und danach geht es mit dem Taxi zurück ins Heim (Tante Lotti: »Zwei Taxifahrten an einem Tag, Rosa! Wilhelm und ich lassen es uns so richtig gut gehen!«). Dort wollen sie mit allen Bewohnern zusammen Kaffee trinken. Frau Brandner hätte Tante Lotti am liebsten nicht eingeladen, denn die hatte letztes Jahr ein Auge auf Wilhelm Reinke geworfen (glaubt zumindest Tante Lotti). »Aber wir lassen uns nicht auf ihr Niveau herab«, sagte sie, flüsterte mir dann aber zu: »Ich bete zu Gott, dass sie an dem Tag von ihrer Tochter abgeholt wird.«

»Und was gibt's bei euch Neues?«, fragte Tante Lotti schließlich pflichtbewusst, obwohl sie mit ihren Gedanken nur bei Wilhelm Reinke war.

»Ach, Julia kommt morgen übers Wochenende. Ihr geht es gerade nicht so gut. Sie und Richard nehmen eine kleine Auszeit. Ich hoffe, wir können sie etwas aufheitern.«

»Das tut mir leid!« Tante Lotti schlug die Hände zusammen. »Aber sie soll sich mal ein Beispiel an Wilhelm und mir nehmen. Die Liebe kommt. Das ist gewiss. Und wenn sie etwas später kommt. Aber sie kommt!«

Weiß nicht, ob ich Julia damit aufheitern kann, dass sie spätestens in fünfzig Jahren ihren Traumprinzen im Altenheim finden wird.

Sonntag, 19. Februar

Vollkommen gerädert. Wusste gar nicht mehr, wie anstrengend zwei Kleinkinder sind (alias Günther und Julia).

Als wir Julia Freitagabend vom Bahnhof abholten, sagte sie sofort, als sie aus dem Zug ausstieg: »Ich möchte nicht darüber reden.« Günther nahm ihr ihren Koffer ab und murmelte irgendetwas vor sich hin. Wir verstanden noch die Bruchstücke »mochte von Anfang an nicht«, woraufhin Julia nach Luft schnappte und vorwurfsvoll »Papa!« rief. Woraufhin ich vorwurfsvoll »Günther!« rief. (Er hatte mir vorab versprochen, das Richard-Thema nur anzusprechen, wenn Julia es von sich aus tat. Aber natürlich konnte es der Ich-habe-es-ja-schon-immer-gewusst-Vater nicht lassen.)

Zwei Stunden später hatten wir schon das magische Gesprächsdreieck erreicht – so nenne ich es immer, wenn man nur noch über Bande miteinander, beziehungsweise übereinander spricht.

»Sag deiner Tochter bitte, dass sie erwachsen genug ist, den Kerl endgültig in den Wind zu schießen.«

»Sag deinem Mann bitte, dass er sich nicht in mein Leben einmischen soll.«

»Sag deiner Tochter bitte, dass ihre Eltern sehr wohl noch immer eine Verantwortung ihr gegenüber tragen.«

»Sag deinem Mann bitte, dass ich erwachsen genug bin. Hat er ja selbst gesagt, ha!« (Lachte hysterisch.)

So ging es den ganzen Samstagvormittag weiter. Ich war als Blitzableiter und Vermittler so am Ende, dass plötzlich die Worte »Bring Papa doch mal was am Tablett bei« aus meinem Mund kamen.

»Was denn?«, fragte Julia gelangweilt, die auf dem Sofa lag und seit zwei Stunden mit leerem Blick in der *Landlust* blätterte.

»Na ja …«, stotterte ich, als mir plötzlich eine Idee kam. »Dieses Skype zum Beispiel.«

Sah, wie Günther am Esstisch mit den Augen rollte.

»Dass du das kennst, Mama.« Julia musste lachen.

Ich hätte nie gedacht, dass ich diesen Satz einmal schreiben würde: Aber das Tablett hat doch tatsächlich den Familienfrieden gerettet. Den ganzen restlichen Samstag saßen Günther und Julia zusammen und haben sich friedlich damit beschäftigt. Julia war von Richard abgelenkt, Günther war von Richard abgelenkt, und ich habe gern irrwitzige Szenen wie diese in Kauf genommen:

Julia saß mit ihrem Tablett in der Küche, Günther mit unserem Tablett im Wohnzimmer (Luftlinie drei Meter).

Julia: »Sag doch mal was.«

Günther: »Test, Test, Test.«

Julia: »Und wie geht es euch so?«

Günther: »Das weißt du doch, du sitzt doch nebenan.«

Julia: »Mein Gott, das ist doch nur ein Test.«

Günther (lachte blöde): »Ach ja.«

Am Sonntag ging es weiter mit dem Technikprogramm. Julia zeigte Günther, wie er über die Pyramiden in Ägypten fliegen kann (also virtuell, er saß natürlich immer noch am heimischen Esstisch) und mit einem Klick die gesamte Schrift auf dem Bildschirm um das Zehnfache vergrößern kann. (»Nur für den Fall der Fälle.«)

Irgendwann nutzte ich eine ruhige Minute, um mich ganz zaghaft dem R-Thema anzunähern.

»Sag mal, Julia. Wäre es nicht doch gut, wenn wir darüber spr...«

»Nein!«

»Ganz wie du meinst. Du sollst nur wissen, dass wir immer für dich da sind. Und wenn du reden magst, dann reden wir. Und wenn nicht, nicht. Okay?«

Plötzlich brach alles aus ihr heraus, und sie fing furchtbar an zu weinen. »Ach Mama«, schluchzte sie, und wir umarmten uns gefühlt drei Stunden lang (muss kürzer gewesen sein).

Am Abend hatte sie sich einigermaßen gefangen, und irgendwie hatte es Günther geschafft, das Technikthema wieder in den Mittelpunkt zu rücken.

»Aber Mama, was ist denn so schlimm daran? Machst du denn gar nichts mit dem Tablet?«

»Doch«, beeilte ich mich zu sagen.

»Und zwar?«, fragte Günther siegessicher. Er wandte sich an Julia: »Deine Mutter verweigert sich!« (Da war es wieder, das magische Gesprächsdreieck!)

Julia gab die nächste Stunde irgendwas im Tablett ein, bis sie schließlich rief: »Da! Tag der offenen Tür im Computerclub! Nächste Woche! Das wäre doch was!«

Es kam zu einem absurden Dialog:

Ich: »Würde es dir besser gehen, wenn wir da hingehen?« (Warum sollte es???)

Julia (schniefte): »Ja!« (WARUM?)

Wie gesagt, es war vollkommen absurd. Aber es scheint wohl ausgemacht: Günther und ich werden zum Tag der offenen Tür gehen. (Wie blöd man nur in solche Sachen hineinrutschen kann!)

Bevor wir sie wieder zum Bahnhof gefahren haben, waren wir noch kurz bei Massimo essen, unserem Lieblingsitaliener in der Stadt. Nach dem vierten Hauswein erschien Julia die Lage mit Richard gar nicht mehr so ausweglos, und wir stießen »auf die Liebe und auf den Computer« an.

Am Bahnhof weinten wir alle kurz (selbst Günther hatte Tränen in den Augen), und Julia winkte uns so lange aus dem Zug heraus, bis wir sie nicht mehr sehen konnten.

Der Computerclub wird übrigens von der Altenbegegnungsstätte organisiert. Altenbegegnungsstätte – das klingt doch nun wirklich nach püriertem Essen und dritten Zähnen. Ich meine, wir sind doch keine neunzig! Streng genommen fühle ich mich ja noch nicht einmal wie Mitte sechzig, aber das geht wohl allen so. Man hängt irgendwie in der Zeit. Julia fühlt sich wie Mitte zwanzig, ich wie Mitte fünfzig, höchstens. Wenn man mir sagen würde, dass ich fünfundvierzig bin, würde ich auch denken: Ja, das passt. (Leider sagt mir das aber niemand, hmpf!)

Ich habe ehrlich gesagt gar nicht mitbekommen, wo die ganzen Jahre geblieben sind. In meiner Wahrnehmung habe ich gerade Julia bekommen – und im nächsten Moment bin ich fünfundsechzig. Da fehlt doch was! Ich habe mal gelesen, dass die verzerrte Wahrnehmung auch davon kommt, dass man sich selbst jeden Tag im Spiegel sieht und so den Alterungsprozess nicht mitbekommt. Wahrscheinlich müsste man mal probeweise alle Spiegel im gesamten Haus ein halbes Jahr zuhängen. Dann würde man zwar in Ohnmacht fallen, wenn man sich danach wieder sieht, aber zumindest hätte man mal wieder einen Realitätscheck. Als ich letztes Jahr mit Ute im Zoo war, gab uns der Kassierer allen Ernstes ungefragt (!) den Seniorenrabatt. Ute und ich waren fix und fertig. Natürlich, ja, wir sind Rentner. Aber wir hätten doch nie damit gerechnet, dass wir auch so aussehen. Sind den ganzen Nachmittag verstört durch die Anlage gelaufen.

Wenn man es so betrachtet, ist die Altenbegegnungsstätte wohl die logische Konsequenz unseres Daseins. Großer Gott, dieses Wort geht mir schwer über die Lippen. Wenn wir da wirklich in Zukunft häufiger hingehen, werde ich erst einmal eine Umbenennung anregen. Silver Generation Club, Best Ager Meeting Point – irgendwas in der Art. Am besten was Englisches, das unsere Misere auf blumig-international klingende Weise verschleiert.

Mittwoch, 22. Februar

Günther macht mir Angst. »Wenn wir dieses Gerät erst einmal im Griff haben, werden sich ganz neue Möglichkeiten ergeben.«

Mit »Gerät« meint Günther das Tablett, das er ständig mit sich rumträgt.

Mit »wir« meint er uns. Befürchte ich.

Mit »neue Möglichkeiten« meint er zum Beispiel ein elektronisches Haushaltsbuch, das er sich in den Kopf gesetzt hat. Habe nur Bruchstücke aufgeschnappt, aber irgendwie von »scannen« und »synchronisieren« war die Rede.

Wenn Sie mich fragen: Das alles ist eine einzige Drohung. Ich meine, uns ging es doch gut ohne diesen Technikkram. Auch auf die Gefahr hin, dass ich mich wiederhole: WARUM???

Der Countdown läuft.

Noch drei Tage bis zum Tag der offenen Tür beim Computerclub.

Noch drei Tage bis zur Vertreibung aus dem Paradies.

Freitag, 24. Februar

Günther ist so ein Streber. Er hat einen DIN-A4-Zettel mit der Überschrift »Abklären« erstellt. Darunter eine Liste mit Computerfragen, die ich alle nicht verstehe. Ich glaube, Günther versteht seine Fragen selbst nicht. Er will mich nur provozieren.

Samstag, 25. Februar

10 Uhr

Sind auf dem Weg zum Tag der offenen Tür des Computer-clubs, als uns Ute mit Max, ihrem Enkel, entgegenkommt. Er ist gerade neun geworden und sieht mit seiner runden Brille und den wuscheligen Haaren aus wie ein kleiner Harry Potter. Das darf man aber nicht zu ihm sagen, da er sonst beleidigt ist. (»Du bist aber groß geworden« oder »Du hast aber einen niedlichen Pulli an« darf man auch nicht sagen. Dieser Junge ist ein sprachliches Minenfeld!)

»Hallo!«, ruft Ute. »Ach ja, heute ist ja euer großer Tag!« Sie wendet sich Max zu: »Die beiden lernen heute das Internet kennen.«

»Aha«, brummt Max gelangweilt. Wollen gerade wei-tergehen, als seine Lebensgeister urplötzlich erwachen. »Sagt mal, wie seid ihr eigentlich damals ins Internet gekommen, als es noch keine Computer gab?« Er sieht uns mit großen Augen an. Großer Gott, dieser Junge weiß ja noch weniger als ich! Oder ist diese Frage jetzt besonders schlau gewesen?

Ute lacht und schüttelt den Kopf. »Ach Liebchen, als es noch keine Computer gab, gab es das Internet doch auch noch nicht.«

»Wie?« Max' Gesicht verwandelt sich in ein einziges Warum-reden-diese-alten-Menschen-so-wirres-Zeug? Er sieht in seinen Grundfesten erschüttert aus. Ein Leben ohne Internet scheint für ihn so vorstellbar zu sein wie für mich ein Rentner, der beschäftigt ist.

Ob uns das in ein paar Stunden genauso geht?

14 Uhr
Nein!!!

20 Uhr
Der Nachmittag war ein Auf und Ab der Gefühle.

Als wir in der A-Stätte (Sie wissen, was ich meine!) ankamen, begrüßte uns im Eingang ein riesiger Pappaufsteller, auf den jemand einen Computer mit Heiligenschein gemalt hatte. Das ging ja gut los. In welche Sekte waren wir denn hier geraten?! Daneben stand in Großbuchstaben: »TAG DER OFFENEN TÜR, ZWEITE TÜR LINKS«.

Günther zeigte auf den Heiligenschein und rollte mit den Augen. Noch war ich guter Dinge, dass dies unser erster und letzter Besuch hier sein würde.

Hinter der zweiten Tür auf der linken Seite wartete schon ein älterer Mann mit weißen Haaren (Marke verwirrter Professor) auf uns.

»Hallo«, rief er und breitete die Arme aus. »Herzlich willkommen bei uns im Club! Mein Name ist Günther, wir duzen uns hier.« Er lachte.

»Ebenfalls Günther«, sagte »mein« Günther, und Günther II lachte wieder.

»Na, das passt ja. Immer rein in die gute Stube!«

Er nahm uns unsere Jacken ab und hängte sie an die Garderobe. »Gleich mach ich eine Führung, drei andere sind auch schon da. Habt ihr denn schon Erfahrungen mit dem Computer?«

»Nun, äh …«, stotterte Günther.

»Wir haben ein Tablett«, rief ich geistesgegenwärtig.

»Tablett?« Günther II lachte. »Du meinst: Tablet! Das ist doch schon ein Anfang.« Er klopfte mir auf die Schulter. »Dann wollen wir mal!«

Der Computerclub bestand aus drei Seminarräumen und einer Teeküche, um »zu quatschen und sich auszutauschen«. Günther II sagte, dies sei das A und O: reden, reden, reden. »Nur zusammen« würde man bei den rasanten technischen Entwicklungen den Durchblick behalten. (Das klang wie eine Drohung, aber ich versuchte, die Fassung zu bewahren.)

»Hier ist auch unser Equipment, das man sich ausleihen kann.« Günther II ging auf einen riesigen Schrank zu und öffnete die Tür. Von oben bis unten stapelten sich kleine Boxen, Lautsprecher, etliche Kabel quollen hervor. »Hier haben wir alles, was das Technikherz begehrt.«

Ich konnte mir beim besten Willen nicht vorstellen, was wir uns davon jemals ausleihen sollten, aber Günther sagte doch tatsächlich: »Gut zu wissen!« Ich schielte zu ihm rüber, ob er das vielleicht ironisch gemeint hatte, aber er bemerkte meinen Seitenblick gar nicht, sondern guckte interessiert in den Schrank.

»Wir handhaben das ziemlich unbürokratisch«, erzählte Günther II und zog einen DIN-A4-Zettel in Klarsichtfolie aus dem untersten Regal hervor. »Hier trägt jeder einfach ein, wann er was ausgeliehen hat und wann er es wieder zurückgelegt hat. Hier zum Beispiel ...«, er zeigte auf eine Zeile, »sehen wir, dass Gisela am 3. Januar den DVI-VGA-Adapter mitgenommen hat.« (Wer ist Gisela? Was ist ein DVI-VGA-Adapter?? Woher weiß Gisela, was ein DVI-VGA-Adapter ist???)

Wollte gerade Günther in die Rippen knuffen, weil die Situation ja nun wohl wirklich vollkommen realitätsfern war, doch Günther fragte ernsthaft: »Gibt es eine maximale Ausleihzeit?«

Günther II erklärte Günther daraufhin in aller Ruhe die Ausleihmodalitäten. Er könne alle möglichen Adapter und Kabel und Geräte und Laufwerke so lange ausleihen, wie er möchte. Wenn allerdings ein anderes Clubmitglied irgendwann Bedarf anmeldete, müsse man die Übergabe »bilateral« klären. Bisher sei es aber noch nicht zu Schlägereien gekommen, weil man sich nicht hätte einigen können, erklärte Günther II lachend. Auf keinen Fall dürfe man allerdings vergessen, den Besitzerwechsel in die Tabelle einzutragen.

»Nein, nein, das ist wichtig«, beeilte sich Günther zu sagen. »Darauf werde ich achten.«

»Super, du bist unser Mann!« Günther II streckte seinen Daumen in die Höhe und bot Günther die Hand zum Einschlagen. »High five, Günther!« Günther klatschte ab.

Ich war im falschen Film gelandet.

»Jetzt wollen wir noch kurz bei einem Seminar rein-
schnuppern«, sagte Günther II. »Gerade findet ›PC Praxis‹
statt, da behandeln wir immer unterschiedliche Themen,
die die Gruppe gerade bewegen.«

Günther II öffnete leise die Tür zu einem der Seminar-
räume. Zehn Augenpaare blickten uns an. In zwei Reihen
saßen sich jeweils fünf – augenscheinliche – Rentner gegenüber und hatten jeweils einen riesigen Computer vor
sich stehen. An der Stirnseite stand offenbar der Seminarleiter, ein groß gewachsener Mann mit ergrauten Schlä-
fen. »Kommt rein!«, rief er. »Wir sind gerade beim Thema
Wolke.«

Wolke? Wovon redete der?

Eine Kursteilnehmerin drehte sich zu uns um: »Jeder
von uns hat nämlich das Recht auf eine Wolke.« Und ihr
Sitznachbar ergänzte: »Jawohl! Wir lernen gerade, wie
wir all unsere Geräte synchronisieren können, man will ja
schließlich von überall auf die Wolke zugreifen können.«

Ich verstand nur Bahnhof. Günther allerdings nickte
und murmelte »soso«. Der verstand doch auch nichts! Ich
hatte einen Hochstapler geheiratet!

»Das ist übrigens Gisela«, rief Günther II und zeigte auf
eine Frau in der Mitte. Sie hatte weiße Haare, eine riesige
Lupe vor sich liegen, und hinter ihrem Stuhl stand ein Rollator. Sie war sicher fünf Jahre älter als Tante Lotti!

Nein!

Das war Gisela, die sich diesen Adapter ausgeliehen
hatte?

»Welche Gisela?« (Ich machte einen auf blöd. Vielleicht
gab es ja auch zwei Giselas.)

»Rosa, erinnerst du dich? Sie hat sich in die Liste der Ausleihgeräte eingetragen. Ich habe euch doch gezeigt, wie wir das handhaben.«

»Ach ja«, versuchte ich, die Contenance zu wahren. »Jetzt erinnere ich mich!« (Bestimmt dachten alle, ich hätte Demenz.)

Danach erklärten uns Günther II und Achim, der Seminarleiter, was der Club alles anbietet. Es gab eine eigene Wikipedia-Gruppe, eine Robotergruppe, eine Bildbearbeitungsgruppe und eine Jahreszeiten-Taskforce. »Dieser Name hat sich so eingebürgert«, erzählte Günther II, und einige aus dem Kurs kicherten los. »Dahinter versteckt sich etwas ganz Harmloses«, klärte er uns auf. »Wir nehmen uns immer aktuelle Projekte vor, die den Jahreszeiten entsprechen. Zu Weihnachten haben wir zum Beispiel animierte Grußkarten für die Familien gestaltet.«

»Da konnte man sogar einen QR-Code einbauen!«, rief Gisela (!) von hinten.

»QR-Code – soso«, sagte ich geistesgegenwärtig (WAS-IST-DAS???), und Hochstapler Günther meinte: »Da sind wir in diesem Jahr gerne dabei! Nicht wahr, Rosa?!«

Den ganzen Nachmittag konnte ich nur an ein einziges Wort denken: WARUM?

Muss irgendwann verloren ins Leere gestarrt haben, denn plötzlich spürte ich die Hand von Günther II auf meiner Schulter. Schreckte furchtbar zusammen. »Rosa«, sagte er. »Ist alles in Ordnung?«

»Ja, natürlich!«, beeilte ich mich zu sagen. »Ich wollte nur gerade...«, mein Blick fiel auf einen Ständer mit Infomaterial, »mir noch ein paar Broschüren mitnehmen.« Ich ging zielstrebig auf den Ständer zu und griff beherzt zu: *Sicherheit im Netz*, *Medienkompetenz ist die neue Altersvorsorge*, *Das A bis Z des Online-Seins*.

Günther II streckte mir seinen Zeigefinger entgegen: »Finde ich klasse, dass du so dabei bist! Kannst du schon einschätzen, für welche Gruppe du dich am meisten interessierst?«

Zum Glück kam in diesem Moment Günther aus dem zweiten Seminarraum heraus. Er strahlte über das ganze Gesicht. »Richtig toll, was ihr hier auf die Beine stellt«, sagte er zu Günther II. Und mir flüsterte er zu: »Die sind hier auf Zack.« Seine Wangen glühten. »Ich hab ein gutes Gefühl!«

Wir zogen uns unsere Jacken an und wollten gerade gehen. Da geschah ein kleines Wunder. Günther II winkte uns zu und rief: »Schön, dass ihr da wart!« Er lachte. »Bis Baldrian!«

Erst dachte ich, ich hätte mich verhört. Aber nein, er hatte wirklich »Bis Baldrian« gesagt. Herr im Himmel, danke! Jetzt würde dieser gesamte Computerclub friedlich an uns vorbeiziehen, denn Günther hasst Menschen, die Dinge sagen wie »Bis Baldrian«. Er hatte mal einen Azubi, der immer »Zum Bleistift« gesagt hat. Es hat Günther in den Wahnsinn getrieben. Am liebsten hätte er in das Abschlusszeugnis geschrieben: »Marcel ist ein guter Junge. Wenn er nicht immer ›Zum Bleistift‹ gesagt hätte, hätten wir ihn glatt übernommen.«

»Er hat ›Bis Baldrian‹ gesagt«, sagte ich und konnte mir ein heimliches Grinsen nicht verkneifen.

»Ja, und?«

»Er hat ›Bis Baldrian‹ gesagt«, wiederholte ich lauter und schielte zu Günther rüber. Gleich würde er den alles erlösenden Satz sagen. Dass ihm das alles zu albern ist und wir da nicht mehr hingehen.

»Ja, und?« Günther zuckte mit den Schultern. »Ist doch ganz geckig.«

Hilfeeeeeeeeeeee!

März

warum?

Montag, 6. März

Wenn das Wörtchen »Computer« nicht wäre... wäre ich wohl die glücklichste Rentnerfrau der Welt.

Die gute Nachricht zuerst: Günther ist beschäftigt. Aber wie! Der Computerclub hat ihn gepackt. Ja, so könnte man es nennen. In der letzten Woche war er gleich zweimal dort! Das erste Mal, um »Organisatorisches« zu regeln. (Obwohl wir natürlich einen Flyer mitgenommen haben, auf dem alle Termine für die nächsten drei Monate aufgelistet sind, ist Günther mit seinem Kalender noch einmal hingestapft und hat Günther II ausgequetscht, was wann genau stattfindet. Wie gesagt, wir wussten all das schon, aber ich wollte ihm den Elan nicht nehmen.) Beim zweiten Mal hat er dann direkt einen Kurs mitgemacht: Bildbearbeitung. Drei ganze Stunden war er weg! (Herrlicher freier Nachmittag für mich, könnte ich mich dran gewöhnen!) Als er wieder zu Hause war, hat er alles akribisch noch einmal aufgearbeitet. Es war wirklich köstlich, mit welcher Ernsthaftigkeit er am Wohnzimmertisch saß und seine Aufzeichnungen durchging. Mit vier verschiedenen Textmarkern hat er immer wieder einzelne Wörter unterstrichen und wilde Pfeilkonstruktionen gemalt. Irgendwann rief er: »Himmel, ich muss ja alles auch noch abtippen. Ich wollte doch alles im Tablet haben. Aber wie lange das dauert!« Er hielt sich den Kopf. Fast wäre mir »Das ist doch wunderbar« raus-gerutscht, doch ich beherrschte mich und lächelte in mich hinein. Dass Günther noch einmal die Befürchtung hätte, seine Beschäftigung würde *zu viel* Zeit in Anspruch neh-men – hach, es geschehen noch Zeichen und Wunder.

Nachdem er seine ganzen Aufzeichnungen ins Ta-blett übertragen hatte (»Stichwort papierloser Haushalt, Rosa.«), übte er noch, ein Bild zu bearbeiten. Dafür hat er mit dem Tablett unsere Schrankwand (!) fotografiert und »jetzt wollen wir mal« gesagt. Einen ganzen Nachmittag hat er geklickt und getan. Das Ergebnis sah dann so aus: Unser Schrank war plötzlich lila schattiert, in der Mitte prankten die Worte »Hier kann man einen Schriftzug ein-fügen«, und rechts oben in der Ecke überlappte ein Riesen-herz einen Großteil der Glasvitrine.

Konnte mich nicht entscheiden, ob es auch ein Kunst-werk von Beuys sein könnte – oder doch nur das Resultat von »Rentner entdeckt das Programm Bildbearbeitung«.

»Ich habe einfach mal alles ausprobiert, was man so ma-chen kann«, sagte Günther und sah mich erwartungsvoll an.

Mein Schweigen muss er als Ich-finde-es-großartig-und-bin-sprachlos-vor-Begeisterung interpretiert haben, denn er setzte nach: »Ich könnte es auch entwickeln lassen.«

Als nächstes »Projekt« (Günther hat ein PROJEKT!) will er übrigens nach und nach alle Alben von uns abfoto-grafieren und jedes einzelne Bild nachbearbeiten.

Ich sag ja: Der Mann ist beschäftigt. Für Jahre!

Doch nun die schlechte Nachricht: Er will mich in die ganze Sache mit reinziehen. Es reicht ihm nämlich nicht, dass *er* eine neue Leidenschaft gefunden hat, nein, ich soll da überall mitmachen, wenn es nach Günther geht. »Medienkompetenz ist die neue Altersvorsorge« kann ich mir ständig anhören. Den Floh hat ihm Günther II ins Ohr gesetzt, das ist wahrscheinlich so eine Art Schlachtruf dieser Internet-Rentner.

Wirklich, ich habe nichts per se gegen Technik. Ohne meinen Thermomix (Hightech pur!) könnte ich nicht mehr leben, und ich bin froh, dass ich in der Lage bin, Julia eine SMS zu schreiben. Aber mehr brauche ich einfach nicht. Wem sollte ich eine E-Mail schreiben (außer eine sinnlose Test-Mail an Ute)? Was soll ich im Internet nachgucken? Warum sollte ich ein Foto von unserer Schrankwand bearbeiten? Kurz: ICH SEHE EINFACH DEN SINN NICHT!

Wie dem auch sei: Letzte Woche hat Günther noch geschluckt, dass ich nicht mit zum Computerclub gekommen bin. (Da dachte ich noch, dass der Kelch für immer an mir vorübergehen würde.) Aber gerade hat er mich während des Mittagessens gefragt: »Heute steigst du aber ein, oder?«

Als Frau hat man ja ganz feine Antennen. Ich meine, er hätte auch sagen können: »Heute kommst du aber einmalig mit, oder?« Aber nein, das Wort »einsteigen« bedeutet doch, dass danach noch mehr kommen soll. Wöchentliche Besuche. Auf Jahre.

»Ich fühl mich überhaupt nicht gut«, murmele ich, während ich eine Kartoffel im Mund habe. (In Wahrheit bin ich mit Ute im Café verabredet.)

»Na, das kommt aber plötzlich. Du siehst überhaupt nicht krank aus.« Günther sieht mich misstrauisch an.

»Glaub mir, da ist was im Anmarsch. Die anderen würden sich nett bedanken, wenn ich was anschleppe.«

Das überzeugt ihn. Die heilige Gruppe darf nicht in Gefahr gebracht werden.

»Dann schon dich heute aber auch mal. Am Freitag geh ich ja wieder hin, bestimmt bist du bis dahin wieder fit.«

15 Uhr

Sitze mit Ute im Café Gottschalk, unserem Stammcafé. Als Günther in Rente gegangen ist, wurde es zu unserem wöchentlichen, ach was, nahezu täglichen Krisentreff. Ein typischer Dialog damals:

»Und was macht Günther so?«

»Er sitzt rum.«

»Großer Gott, sonst nichts?«

»Doch, er spielt Sudoku.«

»Großer Gott, sonst nichts?«

»Nein.«

»Komm, wir bestellen noch ein Stückchen von dieser Schmandtorte.«

Ich muss zugeben, dem Café Gottschalk habe ich so manchen Kummerspeck zu verdanken. Wenn es mit Günthers Lethargie damals so weitergegangen wäre, hätte ich mich auf die rote Liste des Caféinhabers setzen müssen. So wie Spielsüchtige, die im Casino gesperrt sind und nicht mehr reinkommen.

»Und jetzt ist er also wieder bei diesem Club?«, fragt Ute und beißt genüsslich in die Schokoladen-Kirsch-Torte.

»Ich sollte eigentlich mitkommen, aber ich bin offiziell krank. Deswegen darf mich auch niemand hier sehen.« Als ich die Worte ausspreche, fällt mir ein, dass wir direkt an der großen Fensterfront sitzen. Was, wenn Günther vorbeikommt? Günther II? Oder Adapter-Gisela?

Sehe mich unauffällig im Café um. Mist, kein anderer Tisch ist frei. Ob wir das Pärchen dahinten in der Ecke unter einem Vorwand zum Tausch überreden können? Könnte sagen, dass ich unter einer seltenen Hautkrankheit leide und dieser helle Platz direkt am Fenster für meine Haut einem Himmelfahrtskommando gleichkommt... Nein! Was mach ich nur? Was, wenn wirklich jemand vorbeikommt und mich sieht? Höre schon, wie ich mich in Widersprüche verwickele, wenn Günther mich heute Abend zur Rede stellt. Mir kommt eine Idee!

»Ute, bleib, wo du bist, ich komme gleich wieder.« Ich ziehe mir schnell den Mantel an und renne (in solchen Momenten kann ich Kräfte mobilisieren, von denen ich nicht wusste, dass ich sie besitze) zur Apotheke am Markt.

Zehn Minuten später bin ich wieder zurück. In meiner Hand: Beweismaterial, sollte es tatsächlich zu einem Indizienprozess kommen.

Ute sieht mich mit großen Augen an. »Du hast jetzt nicht wirklich Medizin gegen eine Krankheit gekauft, die du gar nicht hast, oder?«

»Ach was«, sage ich vergnügt. »Habe Aspirin und Halstabletten geholt, kann man doch immer im Haus haben. Aber das Beste ist das hier...« Ich hole die Apothekentüte hervor und hebe sie in die Höhe. Darauf zu sehen ist groß das Apothekenlogo und in altdeutscher Schrift: »Ihre Apotheke. Immer im Dienst für Ihre Gesundheit.« Ich stelle die Tüte mitten auf den Tisch. Wenn jetzt jemand draußen vorbeigeht und reinlinst, kann mir nichts mehr passieren.

Stelle mir vor, wie Adapter-Gisela Günther berichtet, dass sie mich im Café Gottschalk hat sitzen sehen:

Günther (murmelnd): »Und mir erzählt sie, dass sie krank ist…«

Adapter-Gisela: »Das ist sie auch, glaube ich. Auf dem Tisch stand eine große Apothekentüte. Das konnte ich sogar ohne Brille erkennen.«

Muss sagen: genialer Schachzug von mir. Leider ist meine gute Laune schon kurz danach wieder vorbei. Die Apothekentütennummer ist ja keine Lösung auf Dauer.

»Aber was mach ich, wenn Günther nächste Woche wieder will, dass ich mit zum Club gehe?«

Ute meint, ich könne alles aussitzen und leugnen. »Sobald er auf das Thema zu sprechen kommt, stellst du dich einfach komplett blöd. So nach dem Motto: Computerclub? Nie gehört!« Das sei doch das Schöne an unserem Alter, sagt Ute: Es bestehe immer die realistische Möglichkeit, dass wir wirklich dement werden.

Auf den Schreck noch ein Stück Schwarzwälder Kirschtorte gegessen.

18 Uhr

Habe mir demonstrativ einen Schal umgebunden, als Günther nach Hause kommt.

»Und, wie war's?«, frage ich mit gequälter Stimme.

»Super! War aber kompliziert heute, du wirst einiges aufzuholen haben. Es war eine Schlüsselstunde, möchte ich fast sagen.«

»Um was ging es denn?«

»Ordnerstrukturen anlegen und Speicherformate.«

»Soso.«

»Und die verschiedenen Laufwerke sind wir durchgegangen.«

»Hmm.«

Günther ist so im Computer-Endorphin-Rausch (gibt es dieses Wort???), dass er mein Desinteresse gar nicht bemerkt, sondern einfach weiterredet. »Du, Rosa, jetzt bitte erschrick nicht, aber was sein muss, muss sein. Ich werde mir exakt *das* Computerequipment kaufen, das wir im Club haben. Weißt du, mit dem Tablet kommt man bei einigen Anwendungen nicht so weit. Und es wäre schon besser, wenn ich mit einheitlichen Systemen arbeite. Sagt auch Günther.«

Anwendungen? Systeme? Arbeite???

»Und mit welcher Investitionssumme müsste man da rechnen?«, frage ich vorsichtig nach. (Habe mir nach 42 Ehejahren die Sprache eines Ingenieurs angewöhnt.)

»Günther sagt, dass man mit Zweieinhalbtausend schon sehr weit kommt. Und den Beamer brauchen wir zunächst nicht. Den können wir ja im nächsten Schritt kaufen.«

Donnerstag, 9. März

Günther recherchiert seit zwei Tagen, in welchem Online-shop er welche Teile der Computerausrüstung am günstigsten bekommt. Außerdem hat er eine Standleitung zu Günther II eingerichtet. Denn der recherchiert für Günther parallel im Club mit. Fast jede halbe Stunde ruft entweder Günther Günther II an oder Günther II Günther. Sie geben sich dann Artikelnummern durch und besprechen, ob es nicht doch besser wäre, gleich den ganz großen Monitor zu nehmen. (Warum, weiß ich nicht. Habe auch Angst, den Grund zu erfahren.) Günther hat Günther II auch die exakten Maße seines Arbeitszimmers durchgegeben. (Warum, weiß ich nicht. Habe auch Angst … Sie wissen!)

Kurz: Der Mann plant anscheinend Großes. Die Bruchstücke, die ich immer aufschnappe, verheißen nichts Gutes. Mir schießt nur immer ein Gedanke durch den Kopf: Was das alles kosten wird! Kleiner Trost: Günther ist noch nicht auf die Idee gekommen, dass ich mitrecherchieren soll. Immerhin.

Auch Tante Lotti ist im Kaufrausch. Sie hat sich für die Hochzeit ein neues Kleid gekauft, und gestern war Herr Andrasch vom Juwelier Andrasch mit einem Koffer im Heim, damit sie und Wilhelm Reinke sich Ringe aussuchen konnten. Es wurden natürlich die teuersten, die er dabeihatte. 585er Gelbgold, mit einem zimtfarbenen Brillanten für sie.

Günther hat vier Stunden lang im Internet nach den Ringen gesucht und wurde schließlich in einem russischen Onlineshop fündig. »Fast genauso« für 400 Euro weniger.

Tante Lotti und Wilhelm Reinke sind bei Juwelier Andrasch geblieben.

Freitag, 10. März

Schreck lass nach. Heute lag eine Einladung zum Klassentreffen im Briefkasten: »Fünfzig Jahre wunderbar – das tolle Treffen ist so nah.« Dachte erst, der Umschlag wäre falsch adressiert. Fünfzigjähriges Jubiläum – die können ja gar nicht mich meinen. Habe dann schnell feststellen müssen, dass sie sehr wohl mich meinen. Ich sag ja: Man hängt in der Zeit! Dreißig Jahre hätte ich mir gefühlt gefallen lassen. Aber ein halbes Jahrhundert??? Musste mich erst einmal setzen.

Am 27. August ist ein großes Wiedersehen geplant. Erst findet eine Führung durch die Schule statt, danach geht es zum Essen in den Alten Krug. Joachim, der das Treffen organisiert und die Einladungskarten verschickt hat, hat handschriftlich als PS daruntergeschrieben: »Bitte bereitet doch alle eine kleine Begrüßungsrede vor! Es ist doch irre spannend, was jeder in der Zwischenzeit so getrieben hat! Freu mich auf euch!«

Auch das noch. Ich hasse diese Reden à la »mein Haus, mein Boot, meine adoptierten Straßenhunde aus Kroatien«. Jeder übertreibt maßlos, und obwohl jeder weiß, dass alle maßlos übertreiben, ist man doch geknickt, wenn man die Heldengeschichten der anderen hört. Die meisten aus der Schulzeit habe ich doch tatsächlich seit fünfzig Jahren nicht mehr gesehen. Irgendwie hat man sich schnell aus den Augen verloren, und die meisten Freunde haben wir über Julia im Kindergarten, in der Nachbarschaft und über Günthers Arbeit kennengelernt. Was meine ehemaligen Klassenkameraden in der Zwischenzeit wohl alle gemacht haben?

Ich weiß nur, dass Inge (der Schwarm aller Jungs!) nach der Schule für ein Jahr in England war und danach beim Theater gearbeitet hat. Und Joachim ist sogar Professor geworden. Nur in welchem Fach weiß ich nicht mehr. Na super, die beiden reichen mir schon. Stelle mir vor, was ich bei meinem Begrüßungspart zum Besten gebe: »Hallo, ich bin's, die Rosa. Ich habe ein Kind und einen Rentner.«

Montag, 13. März

Der Hermes-Mann war da. Er hat zwei große Pakete gebracht, die Günther unter Stöhnen (müssen schwer gewesen sein!) in sein Arbeitszimmer gehievt hat.

Dienstag, 14. März

War vormittags bei Tante Lotti im Heim. Wegen der bevorstehenden Hochzeit ist sie ein einziges Nervenbündel. Jedem Bewohner hat sie inzwischen mehrfach erzählt, dass sie am 5. April Wilhelm Reinke heiratet. Sie muss schon so einen verwirrten Eindruck hinterlassen haben, dass Schwester Marianne mich heute in der Teeküche zur Seite nahm und fragte, ob mit Tante Lotti alles in Ordnung sei.

»Ich will die Pferde nicht scheu machen, Frau Schmidt. Aber Ihre Tante möchte gerne die gesamte Hochzeitsfeier proben. Proben!« Schwester Marianne stieß einen hysterischen Kiekser aus. »Verstehen Sie mich nicht falsch, aber es ist ja nur ein Kaffeetrinken geplant, was sollen wir da proben? Und heute beim Frühstück hat sie den Bewohnern an ihrem Tisch schon wieder in Echtzeit von ihrer Kennenlerngeschichte mit Herrn Reinke berichtet. Und als Wilhelm Reinke hereinkam, rief Ihre Tante: ›Da ist er ja, das ist Wilhelm Reinke, mein Mann.‹ Ich meine, die anderen Bewohner kennen Wilhelm Reinke doch ...«, sagte sie und lachte gequält.

»Ach was, sie freut sich einfach so«, versicherte ich und nahm ein paar Bananen aus der Obstschale. »Ist es in Ordnung, wenn ich die meiner Tante mitbringe? Sie hat vor lauter Aufregung schon etwas abgenommen.«

»Natürlich!« Schwester Marianne drückte mir noch eine Packung Kekse in die Hand. »Nehmen Sie, nehmen Sie.«

»Tante Lotti, du machst schon einen verwirrten Eindruck«, sagte ich, als ich zu ihr ins Zimmer kam.

Sie saß im großen Ohrensessel am Fenster und starrte mit verkniffener Miene hinaus. »Rosa, ich weiß einfach nicht, wie wir das bewerkstelligen sollen. Du weißt doch, der Bräutigam darf seine Braut vor der Hochzeit nicht sehen. Aber wie soll das gehen? Wir leben doch hier schon zusammen. Vielleicht könnte ich Schwester Marianne fragen, ob sie Wilhelm auf einem anderen Flur unterbringt. Aber dann bleiben noch die Mahlzeiten. Da sehen wir uns ja. Ob er sonst auf seinem Zimmer ...«

»Stopp!«, unterbreche ich sie. »Wovon sprichst du?«

»Na, Wilhelm darf mich doch nicht sehen vor der Hochzeit, das ist doch ein alter Brauch. Mit dieser Tradition möchten wir nicht brechen, Liebes.«

»Lotti, er darf dein Kleid nicht sehen! Dich natürlich schon!«

Tante Lotti sah mich mit großen Augen an und musste schließlich kichern. »Rosa, du hast recht.« Sie schüttelte den Kopf und seufzte. »Ich sag dir, diese Hochzeit macht mich noch ganz meschugge.«

Habe ihr dann noch die Generalprobe ausgeredet (»Das wäre kein gutes Omen, Lotti.«) und sie überredet, mehr zu essen. (»Du siehst schon richtig eingefallen aus, glaub mir, Wilhelm Reinke möchte auch lieber mit jemandem zusammen sein, der ein wenig frischer aussieht.«) Zugegeben, war ein bisschen gemein, aber wenigstens hat sie daraufhin hektisch zwei ganze Bananen verputzt.

»Ich könnte das Kleid ja bei Frau Brandner verstecken«, sagte Tante Lotti plötzlich unvermittelt und kicherte wieder. »Du weißt schon, das ist die, die Wilhelm auch wollte.« Sie seufzte theatralisch und strahlte mich an. »Aber nein, er hat sich für mich entschieden.« Darauf noch kurz ein Gläschen Nusslikör getrunken.

Als ich mittags nach Hause kam, lag auf dem Küchentisch eine kleine Schachtel, mit einer roten Schleife umwickelt.
1. Gedanke: Günther wird doch nicht...
2. Gedanke: Günther wird doch nicht...
3. Gedanke: Oh! Mein! Gott!

Als wir neulich beim Juwelier Andrasch vorbeikamen, haben wir in der Auslage eine wunderschöne Perlenkette gesehen. Auf dem Nachhauseweg habe ich Günther in den

Ohren gelegen, dass diese Kette doch wirklich gut zu mir passen würde (das war *vor* seinen Computerinvestitionen!).

Nun aber starrte ich auf die Schachtel und wusste nicht, ob ich lachen oder weinen sollte. Natürlich, die Kette war wunderschön, aber hatte er in letzter Zeit nicht schon genug Geld ausgegeben?!

»Du wirst doch nicht…«, sagte ich und nahm ergriffen die Schachtel in die Hand.

»Lass dich überraschen«, flötete Günther.

Mit zittrigen Händen löste ich die Schleife und hob den Deckel sachte hoch. Da lag… bitte? Huch? Was war das denn? Musste mich zusammenreißen, dass meine Gesichtszüge nicht entglitten. Ein schwarzes Plastikarmband mit einem großen Display lag darin.

»Was ist das?«, stotterte ich.

Günther strahlte. »Darf ich vorstellen: der neueste Fitness-Tracker, den es auf dem Markt gibt. Er ist mit optischen Sensoren, bioelektrischen Sensoren und Bewegungssensoren ausgestattet und kann nicht nur deine täglichen Schritte aufzeichnen, nein, er analysiert auch deinen Kalorienverbrauch und, jawohl, deinen Schlaf«, sagte er, ohne Luft zu holen. Günther klang wie ein Vertreter, der jahrelang Haustürgeschäfte hinter sich hatte. »Ein Wunderwerk der Technik. 51 Gramm leicht, auswechselbare CR2025-Knopfzelle, ein Jahr Batterielaufzeit.« Günther hielt ergriffen inne. »Soll ich es dir mal umbinden?« Er nahm vorsichtig das Armband aus der Schachtel und streifte es sanft um mein Handgelenk. So als wäre es die Perlenkette vom Juwelier Andrasch.

Mittwoch, 15. März

Wie sich herausstellt, hat Günther auch für sich ein Fitnessarmband gekauft. Exakt dasselbe Modell.

Er will unsere Geräte koppeln.

Er will Wettbewerbe veranstalten, wer von uns mehr läuft.

Er spricht von »Zielschrittmengen«.

Er will »den Pokal auf dem Display«. (Bekommt man wohl, wenn man »Zielschrittmengen« erreicht.)

Er will jeden Abend am Tablett »Laufdaten auswerten«.

Abends
Während der *Tagesschau* ruft Günther plötzlich: »Das habe ich ja ganz vergessen. Das Armband ist auch wasserdicht. Du kannst damit sogar schnorcheln. Doll, oder?«

ICH WAR IN MEINEM GANZEN LEBEN NOCH NICHT SCHNORCHELN UND PLANE ES AUCH JETZT NICHT!!!

Donnerstag, 16. März

Der Hermes-Mann hat wieder ein großes Paket gebracht.

Montag, 20. März

Am Wochenende ist nun endlich das Treffen mit MM. Wilhelm Reinke hat ein Kaffeetrinken im Heim organisiert. Schwester Marianne war so lieb und hat zugesichert, den Wintergarten für uns zu reservieren. Muss aufpassen, dass ich MM bei der Begrüßung nicht MM nenne. Man kommt in Teufels Küche, wenn man mit solchen Abkürzungen erst einmal angefangen hat. Manfred, Manfred, Manfred, hämmere ich mir seit Tagen ein!

Günther und ich haben den ganzen Tag überlegt, was wir ihm als kleine Aufmerksamkeit mitbringen könnten. Wäre doch nett, wenn wir ein kleines Begrüßungsgeschenk für ihn hätten. Drei Ideen, die sich als suboptimal entpuppten:

1. Tafel Merci-Schokolade: Eigentlich immer eine sichere Bank, aber irgendwie habe ich mich in die Theorie hineingesteigert, dass er denken könnte, wir bedanken uns schon einmal vorab für sein Haus im Schwarzwald. (Was wir ja gar nicht haben wollen! Aber wenn sich so etwas Hanebüchenes erst einmal festsetzt, kommt man gedanklich nicht mehr raus!)

2. Eine Flasche Wein: Mit Alkohol kann man sich gehörig in die Nesseln setzen, wenn man die Person nicht kennt.

3. Restaurantgutschein: Könnte auch nicht so gut ankommen, da MM ja alleinstehend ist.

Am Ende wurden wir in unserer Geschenkeschublade fündig. So nennen wir eine Schublade in unserer Kredenz im Wohnzimmer, in der wir alle Geschenke von Freunden aufbewahren, mit denen wir, nun ja, nicht so viel anfangen können und die wir im Zweifel weiterverschenken können. Am Anfang hatte ich ein schlechtes Gewissen, als wir diese »Schublade der Verstoßenen« (O-Ton Julia) eingerichtet haben, aber inzwischen rede ich mir ein, dass es etwas Spirituelles hat: Was wir nicht wollen, möchte vielleicht ein anderer. Der Kreis schließt sich, nichts kommt weg, Sie wissen.

Als wir die Schublade nach einem Geschenk für MM... äh... Manfred durchstöberten, wurden wir schließlich fündig: ein Porzellan-Elch mit einer Zipfelmütze und einem roten Schal um den Hals, der selbstzufrieden im Schneidersitz hockt und lacht. Unverfänglich, nett, perfekt!

Normalerweise müssen wir immer aufpassen, dass wir niemandem etwas zurückschenken, deswegen haben wir seit Neuestem auf jedem Geschenk ein großes Post-it drauf: »Von Susanne«, »Achtung! Von Erika, auch nicht an Rita weiterschenken, war bei Übergabe dabei«.

Man merkt also, das ist eine ganz heikle Geschichte. Als ich nämlich bei den Tischsets mal dachte: »Die passen doch zu Irene«, stellte sich heraus, dass es Irene war, die sie uns geschenkt hatte. Habe mich irgendwie herausgeredet. War den ganzen Nachmittag rot wie eine Tomate und schmiedete noch während des Kaffeetrinkens den Post-it-Beschriftungsplan.

Aber bei MM können wir aus dem Vollen schöpfen. Er ist ja quasi noch jungfräulich in unserem Kreis des Geschenkeirrsinns.

Abends noch mit Julia telefoniert. Sie wird immer einsilbig, wenn es um Richard geht (sie pausieren immer noch, mehr weiß ich nicht) und wenn es um ihre neue Arbeit geht (sie wirkt sehr gestresst und unglücklich, mehr weiß ich nicht). Haben kurz über den Porzellan-Elch für MM gesprochen (»Mama, was soll er denn damit?« »Egal, den kriegt er jetzt.«) und über die Hochzeit von Tante Lotti. Julias bitterer Kommentar: »Immerhin ist bald eine Alleinstehende aus unserer Familie unter der Haube.« Konnte sie dann noch mit Günthers Computerkaufrausch aufheitern. Ist zwar überhaupt nicht lustig, aber ich habe so getan, als könnte ich darüber lachen. Was macht man nicht alles als Mutter??

Donnerstag, 23. März

Der Hermes-Mann war wieder da. Heute hatte er drei Pakete dabei. Wenn es in dem Rhythmus weitergeht, werden er und Günther sich bald duzen.

Sonntag, 26. März

Was für ein Tag. Kurzfassung: Wir sind den Porzellan-Elch losgeworden, und Tante Lotti hat so viel Nusslikör getrunken, dass wir sie mit einem Rollstuhl zurück ins Zimmer schieben mussten.

Doch der Reihe nach: Morgens verschwand Günther für drei Stunden in seinem Arbeitszimmer. Währenddessen rief Günther II sechs (!) Mal an, und ich musste an Julias Teenagerzeit denken, als ihre Freundin Mareike im Zehnminutentakt bei uns Sturm klingelte. Ich habe bis heute nicht begriffen, worüber sie jedes Mal gesprochen haben. Aber jedes zaghafte Hinterfragen wurde nur mit einem entnervten Augenrollen quittiert.

Auch bei Günther habe ich es aufgegeben, nach dem großen Warum zu fragen. Als ich einmal kurz was aus seinem Zimmer holen musste, kniete Günther gerade unter seinem Schreibtisch mit einem Kabel in der Hand und rief verzweifelt ins Telefon: »Günther, nun hör doch, hier passt gar nichts!«

Während des Mittagessens schmollte Günther vor sich hin, und ich konnte mir nicht verkneifen zu fragen, ob denn mit der Einrichtung seines Equipments alles gut klappe. Hätte ja eine Steilvorlage sein können für eine Antwort à la: »Ich habe eingesehen, dass es alles keinen Sinn macht, und ich kehre zurück zu Papier und Stift«, aber Günther presste nur ein trotziges »wird schon« heraus.

Da wir schon um halb drei im Heim sein sollten, blieb

nach dem Essen keine Zeit mehr für Günthers Technik-
mission. Während er sich umzog, packte ich den Porzellan-Elch in geblümtes Geschenkpapier ein und schrieb auf
eine kleine Karte: »Lieber Manfred Reinke, wir freuen uns,
dass unsere Lieben zusammengefunden haben und wir Sie
kennenlernen! Ihre Rosa und Günther Schmidt«.

Als ich gerade nach oben gehen wollte, um mich auch
umzuziehen, kam Günther mir entgegen: in einem kurzär-
meligen Hemd! Und das bei dem Wetter! Wir haben seit
Tagen Werte um den Gefrierpunkt!

»Willst du nicht noch eine Strickjacke drüberziehen?«

»Nein, ich finde es angenehm so.«

»Im Heim ist es aber auch nie so warm.«

»Rosa, wirklich, überlass die Entscheidung mir, ja?«

Er ging an mir vorbei und pfiff gut gelaunt vor sich hin.
Langsam roch ich den Braten – beziehungsweise: Ich sah
ihn. An Günthers Handgelenk baumelte für jeden sichtbar das Fitnessarmband (das man mit Strickjacke wohl
kaum gesehen hätte). Nachdem Günther neulich vor der
Tagesschau noch eine Runde um den Block gedreht hatte
(»Habe heute mein Schrittpensum nicht erreicht.«), hat er
sich ungewollt verplappert: »Findest du nicht auch, dass
man damit wie ein Triathlet aussieht?« Wahrscheinlich ist
so ein Fitnessarmband Statussymbol und Jungbrunnen in
Personalunion.

»Ist das nicht ein wenig übertrieben, dieses Ding heute
zu tragen?«, fragte ich und zeigte auf das Armband. »Ich
kann dir nämlich genau sagen, wie viele Schritte du heute
Nachmittag gehen wirst: zehn zum Auto, zwanzig vom
Auto in den Wintergarten, zwanzig vom Wintergarten zurück zum Auto und zehn vom Auto zum Sofa. Macht…«,

ich tat so, als würde ich mich anstrengen müssen zu rechnen, »sechzig Schritte!«

»Jeder Schritt zählt, meine Liebe. Jeder!« Günther ließ sich nicht beirren. »Im Übrigen: Du solltest den Tracker auch häufiger tragen!«

Als wir im Heim ankamen, zog Günther sofort seinen Mantel aus. Konnte förmlich spüren, wie er nur darauf wartete, von irgendjemandem angesprochen zu werden, ob er ein Triathlet sei! Blöd nur, dass weit und breit niemand zu sehen war.

Schließlich kam uns Schwester Marianne auf dem Flur entgegen. »Herr Reinke ist schon da«, flüsterte sie aufgeregt. »Sie sitzen alle im Wintergarten. Gehen Sie ruhig schon durch, ich bringe gleich den Kaffee!«

»Ach, Sie sind ein Schatz. Aber Sie brauchen uns wirklich nicht bedienen. Ich kann die Kannen gleich in der Küche abholen«, sagte ich.

»Überhaupt kein Problem, Frau Schmidt. Mach ich gerne!« Sie ging flotten Schrittes Richtung Küche, wandte sich aber kurz vorher noch einmal zu Günther: »Herr Schmidt, ist Ihnen nicht kalt?«

Bevor Günther wieder mit seiner dreisten »Ich-finde-es-so-angenehm«-Lüge kommen konnte, war Schwester Marianne schon in der Teeküche verschwunden.

»Siehst du«, flüsterte ich. »Dein Outfit fällt schon auf.«

Zwei Minuten später fiel das Outfit noch mehr auf – denn als wir im Wintergarten ankamen, bekam das Wort »underdressed« eine ganz neue Dimension. Sowohl Wilhelm Reinke als auch MM trugen jeweils einen Anzug mitsamt goldenen (!) Manschettenknöpfen (!) und edlen

Krawatten! Schielte zu Günther in seinem karierten Kurzarmhemd. Auch er wirkte plötzlich ein wenig bedröppelt.

Wilhelm Reinke erhob sich, als er uns sah. »Rosa und
Günther, lasst euch begrüßen. Wie schön, dass ihr da
seid!« Seine tiefe Stimme füllte den ganzen Raum, und
Tante Lotti, die neben ihm saß (sie trug ihr bestes Kasch-
mir-Jäckchen, in dem sie sich immer wie Jackie Kennedy
fühlt), strahlte wie ein Honigkuchenpferd. »Bleib sitzen,
meine Teuerste«, sagte Wilhelm Reinke zu ihr und strei-
chelte ihr sanft über die Schulter. Auch MM erhob sich: ein
groß gewachsener Mann mit vollem Haar, der eine mar-
kante Schildpatt-Brille trug (Marke *Literarisches Quar-
tett*).

Nachdem uns Wilhelm Reinke miteinander bekannt gemacht hat (»Manfred – Rosa Schmidt, Rosa – mein Sohn,
Manfred Reinke, Manfred – Günther Schmidt, Günther –
mein Sohn, Manfred Reinke«), setzen wir uns ebenfalls
hin. »Schick siehst du aus«, sagte ich zu Tante Lotti. »Du
auch«, erwiderte sie und flüsterte dann: »Aber sag mal,
friert Günther nicht?« Ich rollte nur mit den Augen und
formte stumm mit den Lippen »Män-ner!«, woraufhin
Tante Lotti wissend nickte.

Bevor wir mit dem Kaffeetrinken beginnen konnten,
bestand Wilhelm Reinke darauf, Goethes *Osterspazier-
gang* vorzutragen. Als er beim Schlussakkord »Hier bin
ich Mensch, hier darf ich's sein!« angekommen war, er-
griff Tante Lotti meine Hand. Plötzlich überwältigten auch
mich die Emotionen, und ich musste mich zusammenreißen, nicht zu weinen. Mit Tränen in den Augen lauschten
wir beide der sonoren Stimme von Wilhelm Reinke. Wie
würde das wohl erst werden, wenn die beiden heirateten?

Wahrscheinlich sollte ich einen ganzen Jahresvorrat an Taschentüchern bereitlegen.

Als Wilhelm Reinke sich gerade wieder hingesetzt hatte (nach unserem Applaus, versteht sich!), da erhob sich Manfred: »Sie wissen…«, er sah in die Runde, »dass ich…«, er räusperte sich, »zunächst meine Bedenken zu dieser Verbindung hatte, aber…«, er nickte Wilhelm Reinke zu, »mein Vater hat mich eines Besseren belehrt und ich möchte auf die beiden einen Toast aussprechen.« Er hob sein Glas. »Auf Wilhelm und Lotti, den Raison d'Être unserer Zusammenkunft.«

Bevor ich darüber nachdenken konnte, was Raison d'Être noch einmal bedeutet, kam mir etwas ganz anderes in den Sinn: der Porzellan-Elch! Wahrscheinlich gab es kein unpassenderes Mitbringsel für Manfred als das! Hätten wir uns doch bloß für den Whiskey entschieden. Oder den Restaurantgutschein. Oder die Merci-Schokolade. Aber ihn wieder mit nach Hause zu nehmen, kam auch nicht infrage. Gemäß dem Motto »Egal, den kriegt er jetzt« holte ich ihn aus meiner Tasche unter dem Tisch hervor. »Herr Reinke, wir haben da noch eine Kleinigkeit.«

»Das wäre aber nicht nötig gewesen«, sagte er sichtlich erfreut und nahm das Geschenk entgegen.

Leider setzt an dieser Stelle mein Erinnerungsvermögen aus. Sagen wir mal so: Ich weiß nur noch, dass Tante Lotti »Köstlich, Rosa, köstlich!« kiekste und mich bat, den Nusslikör aus ihrem Zimmer zu holen. »Jetzt wäre doch ein Schlückchen passend, oder?«

Danach wurde es ein sehr netter Nachmittag. Tante Lotti und Wilhelm Reinke erzählten zum gefühlt hundertsten Mal, wie sie sich kennengelernt hatten, und wir alle taten so, als würden wir es zum ersten Mal hören. (»Ach was, ihr habt euch beim Frühstück schon immer zugezwinkert. Das ist ja eine Geschichte!«) Wilhelm Reinke referierte noch ein Gedicht von Rilke, und Tante Lotti bekam plötzlich Schluckauf, und wir alle mussten lachen.

Von Anfang an merkte ich aber, dass es mit MM und Günther nicht ganz einfach werden würde. Auf der einen Seite waren sie sich in ihrer etwas steifen und verkopften Art nicht unähnlich. Auf der anderen Seite konnte der Gegensatz nicht größer sein. Krawatte traf eben Kurzarmhemd. Irgendwie wollte sich zwischen den beiden nicht richtig ein Gespräch entwickeln, deswegen baute ich gemäß »Gemeinsamkeiten schaffen Nähe« die Brücke: »Und Sie sind vor drei Jahren in Rente gegangen, Herr Reinke?«, fragte ich und beugte mich über den Tisch. »Bei Günther war es vor zwei Jahren so weit!«

Dummerweise wurde im Anschluss nicht der Grundstock für eine tiefe Freundschaft gelegt, sondern es folgte das beliebte Rentnerwetträsten: »Wer hat den größeren Freizeitstress?«

MM prahlte mit seinen ehrenamtlichen Reisen für den Senioren-Auslandsdienst, Günther konterte mit dem Computerclub. (Jeder kämpfte mit seinen Mitteln.) Auf »Ich habe in Kenia die Verwaltungsprozesse von drei Kommunen restrukturiert« konterte Günther mit der Bildbearbeitungsgruppe. Auf »Arbeit im Lepradorf in Madagaskar« brachte Günther die Wikipedia-Gruppe (ich sag ja, es herrschte nicht wirklich Waffengleichheit).

Wilhelm, Tante Lotti und ich drehten wie bei einem Tennisspiel die Köpfe hin und her. Kam mir vor wie im Kindergarten. Herrje, das waren doch zwei erwachsene

Männer! Zum Glück kam nicht die Frage auf, wie lange Günther sich schon im Computerclub engagiert. (Wahrheitsgemäß hätte er antworten müssen, dass er erst viermal dort war.) So aber konnte er durch sein Aufbauschen den Schein aufrechterhalten, dass er den Club gegründet hätte.

»Manfred ist eigentlich ganz nett. Man muss ihn nur knacken«, flüsterte mir Tante Lotti zwischendurch zu und rief laut in Manfreds Richtung: »Nicht wahr, Manni? Prösterchen!« MM zuckte zusammen. Ich sah ihm an, dass ihn noch nie jemand Manni genannt hatte. Aber er prostete tapfer zurück, ohne sich etwas anmerken zu lassen. »Lotti, auf dein Wohl.«

Nach zweieinhalb Stunden die deutlich beschwipste Tante Lotti in ihr Zimmer gebracht und Wilhelm, MM und dem Porzellan-Elch Adieu gesagt.

Mittwoch, 29. März

Der Hermes-Mann war wieder da. Er klingelte und rief: »Günther, neue Ladung!«

April

Dr. Google, bitte zur Visite!

Samstag, 1. April

Beim 1. April zucke ich jedes Jahr immer ein wenig zusammen. Als Günther vor zwei Jahren in Rente ging, hat er mich ordentlich reingelegt. Während des Frühstücks verkündete er mir damals mit ernster Miene, dass er wieder anfangen wolle zu arbeiten. Für etwa 23 Sekunden war ich der glücklichste Mensch auf der Welt. Bis Günther laut lachte und »April, April« rief. Seitdem habe ich ein 1.-April-Trauma entwickelt. Lege jede Äußerung, die er an diesem Tag macht, auf die Goldwaage und bin auf die gemeinsten Witze vorbereitet. Mich lähmt der ganze Tag jedes Mal derart, dass mir selbst natürlich kein Witz einfallen will. Über die lahme Ente »Da hat jemand an der Tür geklingelt – April, April« bin ich noch nicht hinausgekommen. Hmpf.

Heute bleibe ich aber auch von Günther verschont, glaube ich. Er ist nicht zu Späßen aufgelegt. Irgendwie kann er auf seinem neuen Computer das E-Mail-Programm nicht installieren. Er ist der Verzweiflung nahe. »Auf dem Tablet geht es, aber hier nicht. Ich versteh es einfach nicht.« Musste ihm heute Morgen mehrfach irgendwelche Buchstaben- und Zahlenkombinationen vorlesen, die er dann irgendwo eingetippt hat. Am Ende jeder Eingabe stöhnte er: »Wieder falsch.« Ich glaube, das alles könnte ihn ernsthaft in den Wahnsinn treiben. Auf jeden

Fall ist seine Laune heute weit davon entfernt, mich wieder reinzulegen. Wobei mir einfällt…

10 Minuten später

Günther hat die Mission E-Mail-Programm erst einmal aufgegeben, sitzt am Esstisch und löst das Sudoku-Rätsel in der Zeitung (sein Fels in der Brandung!).

»Du«, sage ich möglichst beiläufig. »Habe das Mailprogramm an deinem Computer installiert. Ging ganz einfach. Jetzt funktioniert alles.«

Für etwa eine Millisekunde sieht er ernsthaft erstaunt aus. Dann widmet er sich wieder seinem Rätsel. »Sehr witzig, Rosa«, murmelt er, ohne von der Zeitung aufzusehen. »April, April, ich weiß, haha.«

Dass ich mal mit einer Lösung eines technischen Problems in Zusammenhang gebracht werde, scheint wohl zu abstrus. Nächstes Jahr bring ich wieder: »Da hat jemand an der Tür geklingelt.«

13 Uhr

Günther hat sich nach dem Mittag mit dem bedeutungsschweren Satz »Drück die Daumen, dass wir heute Abend wieder mit der Welt verbunden sind« in sein Arbeitszimmer verabschiedet. Ziehe mich an und fahre zu Tante Lotti ins Heim. In fünf Tagen ist ja die Hochzeit. Letzte Vorbereitungen und seelischer Beistand sind gefragt. Wenn ich daran denke, dass die beiden bald vor den Traualtar treten, bekomme ich richtig Gänsehaut. Sogar Günther hat gesagt, dass wir bestimmt ein paar Packungen Taschentücher benötigen werden. Günther! Habe in der Apotheke schon drei Flaschen Bachblüten-

Notfalltropfen gekauft. Werde uns alle damit in einen seligen Zustand versetzen.

Abends

Hätte die Notfalltropfen heute schon gebrauchen können.

Schlimmer geht nimmer. Dabei waren sie doch für »schöner-geht-nimmer« gedacht. Was für eine Katastrophe.

Als ich im Heim ankam, pfiff ich noch gut gelaunt vor mich hin. Habe seit Tagen – warum auch immer – *Die Gefühle haben Schweigepflicht* von Andrea Berg im Ohr. Das wird man nicht mehr los, wenn es einmal im Kopf ist. Doch als ich die Zimmertür von Tante Lotti aufstieß, verschwand meine gute Laune sofort. Sie saß wie ein Häufchen Elend auf ihrem Bett und weinte.

Ich stürzte zu ihr rüber. »Tante Lotti, was ist denn?«

Als sie mich sah, weinte sie noch mehr. Schließlich wimmerte sie: »Die Hochzeit...«, sie schluckte und sah mich an, »fällt aus.«

Ertappte mich kurz bei dem Gedanken, ob Tante Lotti womöglich diese 1.-April-Nummer zu ernst nahm und mich mit einer oscarreifen schauspielerischen Leistung veräppeln wollte und Wilhelm Reinke gleich »April, April« rufend hinter dem Schrank hervorspringen würde. Verwarf diese Theorie sofort wieder, denn dicke Tränen kullerten ihr über die Wange, sie war ganz aufgelöst.

Unter Schluchzen erzählte sie mir schließlich, was passiert war. Heute Morgen fühlte sich Wilhelm Reinke nicht wohl. Als der Arzt kam und eine Urinprobe nahm, war schnell klar: schwere Blasenentzündung. »Er ist ja nicht mehr der Jüngste«, sagte Tante Lotti. »Deswegen haben sie ihn gleich eingeliefert.«

Ich nahm sie tröstend in den Arm. »Eine Blasenentzündung ist bestimmt nicht schlimm. In ein paar Tagen ist er wieder draußen.« Ich wollte gerade ansetzen, dass Julia auch öfter Blasenentzündungen hat (zugegeben, man kann sie nicht mit einem 91-Jährigen vergleichen, aber ich wusste, dass Tante Lotti für jede Art von Beruhigung dankbar sein würde), als die Tür aufging und Schwester Marianne hereinkam.

»Ach Frau Schmidt, da sind Sie ja. Ich wollte Sie gerade anrufen. Aber ich seh schon, Sie haben's schon gehört, oder? Das war für uns alle ein Schock heute Morgen. Ich habe Manfred Reinke schon informiert. Leider ist er gerade im Ausland, aber ich halte ihn regelmäßig auf dem Laufenden.«

Während ich mir von Schwester Marianne noch einmal genau schildern ließ, was der Arzt gesagt hatte, wimmerte Tante Lotti plötzlich vor sich hin: »Wie Prinz Philip! Wie Prinz Philip!!«

»Was sagst du?«

»Er saß beim Thronjubiläum auf dieser Barkasse. Im Regen. Es war so kalt, richtig ungemütlich. Höchstens zehn Grad. Und dann auf dieser Barkasse. Da gab es ja nicht einmal ein Dach. Danach hatte er sofort eine Blasenentzündung und musste ins Krankenhaus. Der Arme.«

»Stimmt, das war schlimm.« (Konnte mich zwar nicht mehr dran erinnern, aber Tante Lotti – totaler Fan der Königshäuser – war in solchen Dingen absolut sattelfest.)

Sie schüttelte wieder den Kopf und brabbelte in sich rein: »Er konnte weder den Dankgottesdienst in der Kathedrale erleben noch die Kutschfahrt.« Sie sah mich an. »Auch die Kutschfahrt nicht, Rosa!«

»Das war schlimm«, sagte ich wieder und drückte ihre Hand.

»Blasenentzündung! Wie Wilhelm. Er konnte nicht am Dankgottesdienst teilnehmen. Und alles nur wegen der Barkasse. Da musste der Arme die ganze Zeit aushalten, und man sah doch, wie schlecht das Wetter ...«

»Ich unterbreche nur ungern, Tante Lotti, aber wollen wir nicht lieber ins Krankenhaus fahren und mal nach Wilhelm sehen?«

Eine halbe Stunde später waren wir in der Klinik. Wilhelm Reinke lag in einem Dreierzimmer, aber die beiden anderen Patienten waren gerade bei Untersuchungen – so hatte Tante Lotti sturmfrei. Im wahrsten Sinne des Wortes. Für ihr Alter legte sie einen echten Spurt ein und stürmte auf ihn zu. »Wilhelm!«, rief sie, »Lotti!«, rief er. Sie lagen sich in den Armen.

»Du machst aber Sachen«, sagte ich. »Wie geht es dir denn?«

»Der erste Schritt der Gesundung ist getan«, antwortete Wilhelm Reinke. »Denn ihr seid da! Wie sagte schon Oscar Wilde? ›Es kommt darauf an, den Körper mit der Seele und die Seele durch den Körper zu heilen.‹« Tante Lotti seufzte – er kriegte sie doch immer rum mit seinen intellektuellen Kalendersprüchen.

Während ich die beiden Turteltauben in Ruhe ließ, suchte ich den diensthabenden Arzt auf, um ein paar Infos zu bekommen.

Machen wir es kurz: Ich möchte bitte, dass dieser Richard nicht mehr auftaucht. Als ich nämlich den Arzt sah, dachte ich sofort: Der ist was für Julia! Zugegeben, ich neige schon seit Jahren dazu, Julia verkuppeln zu wollen. Aber ich bin der festen Überzeugung, dass Mütter auch einfach ein gutes Gespür dafür haben, wer zu ihren Töchtern passen könnte. Richard mochte ich am Ende zwar auch sehr, aber dass er ihr einen Antrag macht und die Hochzeit dann immer wieder verschiebt, kann und werde ich ihm nicht verzeihen. Dr. Friedrichsen – so verriet sein Namenschild – würde so etwas nie tun. Ganz bestimmt nicht. Er ist ja sooo nett! Zunächst bat er mich in sein Arztzimmer. Dort sollte ich Platz nehmen (er bot mir sogar einen Kaffee an!), und dann hat er mir ganz ausführlich erzählt, was es mit der Blasenentzündung von Wilhelm auf sich hat. (Kurzfassung: Er bekommt zehn Tage Antibiotika und sollte bald wieder fit sein.) Wenn wir Fragen hätten, könnten wir »jederzeit« auf ihn zukommen. Dazu sei er schließlich da. Uns in dieser schweren Zeit beizustehen. Und eine Schulter zu bieten, an der wir uns anlehnen können.

Jajajaja, das hat er jetzt nicht exakt so gesagt, aber noch nie habe ich einen so einfühlsamen Arzt erlebt. Noch dazu sieht er umwerfend aus. (Julia hat früher immer eine bestimmte Arztserie gesehen, Dr. Friedrichsen sieht dem Chefarzt zum Verwechseln ähnlich! Aaaah!) Er hat strahlend weiße Zähne und dunkle, ein wenig gelockte Haare. Habe unauffällig geguckt, ob er einen Ring am Finger trägt oder ob im Arztzimmer irgendwo ein Foto von seiner Ehefrau und Drillingen stand. Aber nein! Nichts!

Muss einen aufgewühlten Eindruck gemacht haben, als ich zurück in Wilhelms Zimmer kam. »Du hast ja so rote Wangen, Rosa«, sagte Tante Lotti. »Nicht dass du Fieber bekommst.«

Für den Rest des Tages mit einer Frage beschäftigt:

Kann ich Julia irgendwie dazu bringen, Wilhelm Reinke zu besuchen und ganz nebenbei Dr. Friedrichsen kennenzulernen???

Sonntag, 2. April

Darf ich vorstellen: Günther hat über Nacht seinen Doktor in Medizin gemacht. Genauer: Er ist Spezialist für Blasenentzündungen. Er weiß ALLES! Er saß gestern Abend noch ganz lange am Tablett und hat alle möglichen Seiten zu dem Thema durchforstet. Es ist wirklich unglaublich, was er alles herausbekommen hat. Er weiß, wie es dazu kommen kann, welche Therapien es gibt (mitsamt den Vorteilen und Risiken) und was jetzt ganz konkret mit Wilhelm Reinke geschehen soll. Und er kennt schon so viele Fachbegriffe! Ständig murmelt er Dinge wie »vielleicht liegt es auch an der Prostatahyperplasie« und »klassische Harnröhrenstriktur« vor sich hin. Gerade fragte er: »Und du hast wirklich gesagt, dass er nur Antibiotika bekommt? Sonst nichts?«

»Ja, doch!«

Günther schüttelte ratlos den Kopf, nahm seine Lesebrille ab und schaute in die Ferne. »Versteh ich nicht, es wird in allen Quellen eindeutig empfohlen, noch Gentamicin zu geben. Ich möchte mir morgen gerne mal die Krankenakte ansehen.«

Konnte mir ein Lachen nicht verkneifen. Wenn ich nicht

hundertprozentig gewusst hätte, dass Günther ausgebildeter Ingenieur und jetzt hauptberuflicher Rentner ist, hätte ich auf Urologe getippt, der im Ruhestand noch einmal einen rätselhaften Krankheitsfall lösen will.

Was ich aber eigentlich erzählen wollte: Habe den Verdacht, dass ich meine Meinung zum Internet revidieren muss. Ich muss sagen, es ist schon ein Fortschritt, dass man sich plötzlich als Normalsterblicher so gut informieren kann. Sonst ist man ja den Ärzten auf Gedeih und Verderb ausgeliefert (bis auf Dr. Friedrichsen natürlich). Sie drücken einem ein Rezept in die Hand, und man kann sehen, wie man damit klarkommt. Ist doch so, die haben doch alle keine Zeit mehr für einen. Wenn ich das nächste Mal irgendwo einen Termin habe, nehme ich Assistenzarzt-Günther mit. Hihi.

Auf Augenhöhe mit den Engeln in Weiß: dass ich das noch erleben darf.

Danke, liebes Internet. Dass ich das noch einmal sagen würde.

Bin nach dem Mittagessen noch einmal kurz in die Klinik gefahren. Gab nichts Neues von Wilhelm Reinke. Ihm gehe es den Umständen entsprechend gut, und er brauche jetzt vor allem Ruhe, sagte ein Arzt, dessen Namen ich mir nicht gemerkt habe. (Wo war bloß der schöne Dr. Friedrichsen???)

Wieder nach Hause gefahren, nachdem Tante Lotti noch zwei Schwestern die gesamte Wilhelm-Reinke-ist-wie-Prinz-Philip-Geschichte erzählt hat.

Montag, 3. April

Günther hat sich (unter dem kreativen Namen »Günther-Schmidt1951«) in einem Medizin-Forum angemeldet. Inzwischen diskutieren zwölf (!) fremde (!) Menschen aus ganz Deutschland, wie sie die Blasenentzündung von Wilhelm Reinke beurteilen.

Dienstag, 4. April

War heute wieder mit Tante Lotti in der Klinik. Günther war auch mit.

Die gute Nachricht: Dr. Friedrichsen war wieder da! Er sieht wirklich unglaublich gut aus. Und dieser weiße Kittel – wenn ich zehn Jahre jünger wäre, würde ich mich glatt in ihn verlieben. Nun, wohl eher dreißig Jahre. Hmpf.

Die schlechte Nachricht: Er und Günther hatten… nun… eine kleine Auseinandersetzung. Alles fing damit an, dass Günther sein Tablett mit in die Klinik gebracht hat. Er meinte, wenn er mit dem Doktor über Wilhelm Reinkes Behandlung spricht, würde er ihm vielleicht gern die ein oder andere Studie zeigen, die er gefunden hat. »Ich kann ja nun wirklich nicht alle Quellen ausdrucken, die ich recherchiert habe«, sagte Günther. Mir leuchtete das ein. Leider nicht der Schwester, die gerade Dienst hatte.

Sie weigerte sich partout, Günther den Code für das Internet auf der Station zu geben, damit Günther sich einloggen konnte. Das war schon mal das Erste, was Günther auf die Palme brachte. Und dann … nun ja … hakte es ein wenig beim medizinischen Fachgespräch zwischen Günther und Dr. Friedrichsen. Die fünf Phasen einer doch etwas holprigen Kommunikation:

1. Wir standen alle gerade um das Bett von Wilhelm Reinke herum, als Dr. Friedrichsen zur Visite kam. Er schaute auf die neuesten Werte in der Patientenakte und sagte: »Das sieht doch schon wieder sehr gut aus. Noch ein paar Tage zur Beobachtung, und dann kann geheiratet werden!« Er strich Tante Lotti liebevoll über den Arm (er ist sooo nett!) und lächelte Wilhelm Reinke aufmunternd zu.
   Da brachte sich Günther ein: »Herr Dr. Friedrichsen, ich habe im Internet gelesen, dass es gerade in dem … nun … betagteren Alter zu Komplikationen kommen kann, wenn man nicht sofort Gentamicin …«
   Günther kam nicht weiter, denn Dr. Friedrichsen klopfte ihm kumpelhaft auf die Schulter, machte kehrt und rief im Weggehen: »Hören Sie nicht auf Dr. Google!« Weg war er.

2. Eine halbe Stunde später passte Günther Dr. Friedrichsen auf dem Gang ab. »Herr Dr. Friedrichsen, meine Frau erzählte mir, dass Wilhelm Reinke nicht mit Gentamicin behandelt wird. Im Forum war die einhellige Meinung …« Weiter kam Günther nicht.
   Dr. Friedrichsen (noch gut gelaunt) nahm ihm sofort

den Wind aus den Segeln: »Ich finde es wirklich toll, dass Sie sich einbringen, Herr Schmidt. Aber glauben Sie mir, eine Internetrecherche ist in diesem Fall und in jedem anderen Fall nicht zielführend. Sehen Sie, wenn ich jetzt google, dass ich Kopfschmerzen habe, kommt als Diagnose – wenn man das überhaupt so nennen kann – heraus, dass ich einen Tumor habe. Abstrus! Ich gebe Ihnen einen guten Rat: Vertrauen Sie in medizinischen Fragen Ihrem Arzt. Und nicht dem Internet. Wir haben alles im Griff!« Weg war er.

3. Zurück im Zimmer von Wilhelm Reinke. »Dr. Friedrichsen hat mich einfach so abgewürgt«, sagte Günther. »Ich bin mir sicher, dass Wilhelm Gentamicin benötigt. Ich habe sogar eine Studie aus Oxford gelesen, die zu demselben Schluss kam. Die haben ja alles zum Download.«
Tante Lotti schlug verzweifelt die Hände über dem Kopf zusammen und rief im Brustton der Überzeugung: »Ich glaube, Günther hat mehr Ahnung als dieser Doktor.«
Prompt fühlte sich Günther ermutigt, das Arztzimmer am Ende des Flurs aufzusuchen. Er versicherte sich zunächst, dass Dr. Friedrichsen nicht anwesend war, und berichtete einem anderen Arzt von seiner Internetrecherche.

4. »Es war ein gutes Gespräch. Ich habe mich mit dem jungen Arzt auf Augenhöhe über Wilhelms Zustand unterhalten«, sagte Günther zufrieden, als er zurück war, woraufhin Tante Lotti seufzte: »Danke, Günther. Wenn wir dich nicht hätten! Du weißt so viel!«

Zehn Minuten später stürmte Dr. Friedrichsen (nicht mehr so gut gelaunt) ins Zimmer. »Herr Schmidt, ein für alle Mal. Lassen Sie uns unsere Arbeit machen. Und lassen Sie bitte meine Kollegen in Ruhe. Sie treiben uns noch alle in den Wahnsinn. Ende der Diskussion.« Weg war er.

5. Günther und Dr. Friedrichsen haben sich von Weitem auf dem Flur gesehen. Dr. Friedrichsen schrie aus der Ferne: »HÖREN SIE MIT DEM GOOGELN AUF!«

Mittwoch, 5. April

Die Wogen haben sich wieder geglättet. Dr. Friedrichsen hat sich heute bei Günther für seinen »unangemessenen Ton« entschuldigt (er ist sooo nett), aber er bleibe bei seiner Aussage. »Glauben Sie mir, Dr. Google hat schon manchen Patienten ins Unglück gestürzt. Verlassen Sie sich lieber auf einen richtigen Arzt.«

Günther hat die Entschuldigung angenommen, zu Hause aber trotzig gesagt: »Ich bin mir sicher mit dem Gentamicin.«

Gute Nachricht übrigens: Wilhelm muss nur noch bis übermorgen zur Beobachtung im Krankenhaus bleiben. Tante Lotti musste vor Erleichterung weinen. Sie nennt Wilhelm Reinke jetzt immer »mein tapferes Prinzchen«.

Abends Julia angerufen. »Sag mal, willst du nicht Wilhelm Reinke doch noch mal im Krankenhaus besuchen?«

»O Gott, ist es doch was Ernsteres?«, fragte sie bestürzt.

»Nein, nein«, versicherte ich schnell. »Aber wäre doch schon schön, oder? Immerhin gehört er ja jetzt zur Familie.«

»Mama, ich schaff es wirklich nicht. Ich hab so viel zu tun, dass ich gar nicht weiß, wo mir der Kopf steht. Frühestens nächstes Wochenende ist wieder etwas Luft. Wie lange ist er denn noch im Krankenhaus?«

Musste gestehen, dass Wilhelm Reinke übermorgen entlassen wird.

Musste gestehen, dass sie Wilhelm Reinke nur besuchen soll, um den schönen Dr. Friedrichsen kennenzulernen.

»Mama, ich hab doch einen Freund!«

»Na ja, nicht so richtig, oder?«

Dann weinte Julia und legte auf.

Ogottogottogottogott.

Donnerstag, 6. April

Schaffte es erst nachmittags ins Krankenhaus. Musste nicht in Wilhelms Zimmer gehen, denn als ich an der Cafeteria im Erdgeschoss entlangging, sah ich Tante Lotti und Wilhelm Reinke an einem der Tische sitzen – mit einer großen Flasche Sekt vor ihnen. Sie prosteten sich gerade lachend zu, als ich kam.

»Wilhelm muss viel trinken«, sagte Tante Lotti in vorauseilendem Gehorsam mit Blick auf den Sekt und flüsterte: »Ich habe die Flasche reingeschmuggelt, jetzt wollen wir auch was davon haben.« Sie gluckste.

»Ja, Wasser, hat der Arzt gesagt«, entgegnete ich streng.

»Rosa, du hast recht«, warf Wilhelm Reinke ein, »aber wir haben einen Grund zum Feiern. Wir haben«, er sah Tante Lotti an, und sie wurde rot, »einen neuen Hochzeitstermin.«

»Ja, mein Prinzchen, den haben wir«, seufzte Tante Lotti und schenkte sich noch einmal Sekt nach.

»Das freut mich! Wann ist er?«

Hatte fest damit gerechnet, dass sie etwas sagen wie: »Nächste Woche Dienstag, wir wollen die Hochzeit jetzt so schnell wie möglich nachholen. In unserem Alter darf man keine Zeit verlieren.«

Doch Wilhelm Reinke verkündete stolz: »Am 11. November!«

»Am 11. November?«, stieß ich hervor. »Das ist noch über ein halbes Jahr hin!«

»Exakt. Um genau zu sein: Es sind noch 219 Tage, wir zählen schon herunter!« Wilhelm Reinke und Tante Lotti stießen noch einmal an.

Ich wusste nicht, was ich sagen sollte. War es eine so gute Idee, wenn eine Neunundachtzigjährige und ein Einundneunzigjähriger ihre Vorhaben noch so weit aufschoben???

»Ist das nicht… äh… ein wenig weit weg? Wäre doch schön, wenn ihr es bald nachholen würdet, oder?« Ich lachte nervös. »Was man hat, das hat man«, platzte aus mir heraus.

»Wie?«, fragte Tante Lotti unsicher.

»Na, ich meine, ihr habt euch schon so auf die Hochzeit gefreut. Könnte mir vorstellen, dass ihr es gar nicht aushaltet, noch so lange darauf zu warten.«

»Im Prinzip hast du ja recht«, sagte Tante Lotti. »Aber Wilhelm würde gerne an einem für ihn besonderen Tag heiraten. Und am 11. November hatte seine Tante Ella Geburtstag, zu der er doch so eine gute Beziehung hatte. Sie war wie eine zweite Mutter für ihn. Da war es keine Frage für uns, unsere Hochzeit auf diesen Tag zu legen.«

»Und du hattest nicht zufällig eine andere Tante oder auch einen Onkel, der im Mai oder vielleicht jetzt in den nächsten zwei Wochen Geburtstag hatte?«, probierte ich mein Glück.

Wilhelm Reinke dachte angestrengt nach.

»Onkel Karl hatte am 1. Mai Geburtstag«, sagte er nach einer gefühlten Ewigkeit, und ich schöpfte Hoffnung. »Na, also! Onkel Karl!«, rief ich überschwänglich, doch Wilhelm Reinke setzte nach: »Aber den mochte ich nie besonders.«

»Wir belassen es bei November«, sagte Tante Lotti und sah dabei so glücklich aus, dass es mir schwer ums Herz wurde. Dass sie irgendwann nicht mehr da sein würde, wollte ich mir gar nicht vorstellen.

»Wir belassen es bei November«, wiederholte ich feierlich und holte mir ein Glas am Tresen. »Darauf stoßen wir jetzt noch einmal an. Wilhelm soll ja viel trinken!«

Freitag, 7. April

Wilhelm Reinke ist zurück im Heim, und es geht ihm wieder blendend. Kaum ist die ganze Aufregung vorbei, fühle ich mich schlecht. Hab seit heute Morgen ein Kratzen im Hals. Und etwas Temperatur habe ich auch, glaube ich. Hoffe, dass ich noch die Kurve bekomme. Habe gerade drei (!) ganze (!) Knoblauchzehen gegessen. Ute schwört darauf, wenn etwas im Anmarsch ist. Und Günther hat im Internet recherchiert, dass man sich eine alte Socke um den Hals binden soll. War zu schlapp, um seine medizinischen Kompetenzen infrage zu stellen. Habe doch tatsächlich eine alte Socke aus dem Wäschekorb gefischt (es wurde auch noch eine von Günthers Socken, da meine zu kurz waren).

Stinkend und mit Günthers alter Socke um den Hals noch ein wenig Fernsehen geschaut.

Mittwoch, 19. April

Günther hat nicht die leiseste Ahnung von Medizin. Und Ute auch nicht. Trotz Knoblauch und Socke zwölf geschlagene Tage krank gewesen. Das ganze Programm! Erst Hals, dann Nase, dann Ohren, dann Bronchien. Die Glieder taten auch furchtbar weh, schrecklich. Sogar an Ostern lag ich nur im Bett und starrte die Wand an. Es war nur noch deprimierend. Julia weigerte sich, zu Besuch zu kommen (»Ich kann es mir echt nicht erlauben, mich anzustecken.«) und ist stattdessen über die Feiertage mit zwei Freundinnen in ein Wellnesshotel gefahren. Pfff. Günther behandelte mich ohnehin die ganze Zeit wie eine Aussätzige. Er trug sogar Mundschutz (als hätte ich Ebola!), wenn er mir etwas zu essen brachte. Zitat: »Ich muss für den Club fit bleiben.« Hatte keine Kraft, das Fass »Sei-nicht-albern-vor-vier-Wochen-kanntest-du-den-Club-noch-gar-nicht« aufzumachen. Selbst Ute hat mich nicht besucht. Nach fünf Tagen klingelte sie an der Haustür, und ich hörte von oben wie sie mit Günther sprach. »Hallo Ute, willst du reinkommen? Rosa liegt im Bett.« »Ach, lass mal lieber, ich will mich ja nicht anstecken.« Dann schrie sie nach oben: »Rosa, wenn du mich jetzt hörst: Gute Besserung!« Eine Minute später brachte mir Günther (mit Mundschutz) eine Zeitschrift mit Rätseln vorbei. »Von Ute.«

Während Günther seine Tage »im Club« verbrachte, vegetierte ich vor mich hin und beschäftigte mich mit dem Rätselheft. Nun, um ehrlich zu sein, bin ich über ein einziges Rätsel nicht hinausgekommen. Man musste in eine Matrix das Alter von sieben (!) verschiedenen Personen eintragen. Um das zu entschlüsseln, gab es dreizehn (!) Hinweise. »Patricks Vater und Elisabeths Mutter sind zusammen so alt wie Leons Mutter in vierunddreißig Jahren.« »Bei der Geburt von Elisabeths Schwester war Leons Bruder achtzehn Jahre alt.« »Leons Bruder ist dreizehn Jahre älter als Elisabeths Bruder.« Ich bin verrückt geworden. Am Ende gab es noch eine Bonusfrage: »In welchem Jahr wurde Patricks Bruder geboren, wenn er am 31. Januar 2017 Geburtstag gefeiert hat?« Wer denkt sich solche Rätsel aus? Natürlich, ich war auch angeschlagen, aber selbst mit einer Familienpackung Vitasprint intus hätte ich das nicht lösen können. Und dann stand auch noch scheinheilig »Kopf-fit für Einsteiger« darüber. Diese Leute wollen einen richtig fertigmachen. Habe vier geschlagene Tage überlegt, wie alt Leon wohl sein könnte. Das ist doch kein Leben!

Ach ja, letzte Woche habe ich mit Julia geskypt (als Ersatz für ihren Krankenbesuch). Günther brachte mir das Tablett mit den Worten: »Außenwelt an Rosa.«

»Mama, hörst du mich?«, hörte ich Julia rufen. Als ich das Tablett in der Hand hielt, sah ich sie auch. »Huhu«, winkte sie. »Siehst du mich? Mach doch auch mal die Kamera an!«

»Wo mach ich das denn?«

»Da ist doch unten so ein Kamera-Symbol, drück mal drauf!«

Konnte beim besten Willen kein Kamera-Symbol finden. »Da ist nichts!«

»Doch, ganz unten!«

Ich suchte den ganzen Bildschirm ab. Wahrscheinlich hatten wir ein anderes System. Ohne Kamera.

»Mama«, stöhnte Julia. »Guck doch mal, ganz unten. Da sind vier Symbole. Und ganz links ist die Kamera. Das sieht aus wie eine kleine Filmkamera.«

Alles, was ich an Symbolen entdeckte, war eine Wärmflasche.

»Meinst du die Wärmflasche?«, fragte ich.

»Wärmflasche???«

»Das sieht aus wie eine Wärmflasche.«

»Dann drück doch mal auf die Wärmflasche«, stöhnte Julia ergeben.

Ich klickte die Wärmflasche an – und prompt erschien mein Gesicht unten rechts in der Ecke des Bildschirms. Bekam einen Riesenschreck! Um Himmels willen! Wie sah ich denn aus???

»Na endlich«, rief Julia fröhlich. »Klappt doch! Wink doch mal!«

Mein Anblick schien sie nicht zu verwirren. Sah ich etwa immer so aus???

Konnte mich nicht auf Julia konzentrieren, sondern starrte die ganze Zeit mein Gesicht in dem kleinen Fenster an. Diese Falten! Diese Augenringe! Die hatten sich ja richtig tief eingegraben. Großer Gott, ich spürte förmlich, wie ich eine Blitztraumatisierung durchmachte.

Drehte das Tablett so, dass nur noch die Zimmerdecke von der Kamera aufgenommen wurde.

»Mama, ich seh dich gar nicht mehr.«

»Irgendwie krieg ich es nicht mehr hin«, log ich.

»Mama, schräg halten, nach vorne. So wie gerade eben!«

»Ich weiß nicht mehr wie, Liebes.« (Ich zog das jetzt durch!)

»Du musst das Tablett doch nur kippen«, rief Julia verzweifelt. »Jetzt sag ich auch noch Tablett«, stöhnte sie. »Wahrscheinlich sag ich bald zu einem Kunden in der Konferenz: ›Dann drücken Sie doch mal auf die Wärmflasche.‹« Sie lachte.

Haben dann noch kurz über Richard gesprochen. Er hat ihr fünfmal auf den Anrufbeantworter gesprochen, aber bisher hat sie noch nicht zurückgerufen. »Ich weiß auch nicht, immer dieses Hin und Her. Ich glaube, ich habe einfach keine Kraft mehr dafür«, sagte sie traurig.

Hätte am liebsten wieder Dr. Friedrichsen ins Spiel gebracht, aber der Zug war wohl abgefahren. Wilhelm Reinke ist wieder im Heim, und Dr. Friedrichsen hat auch nichts von »Kommen Sie in zwei Wochen mit Ihrer ganzen Familie noch einmal zur Kontrolluntersuchung vorbei« gesagt. Die einzige Chance würde wohl darin bestehen, wenn Günther oder ich auf dieselbe Station eingeliefert würden und Julia uns besuchen käme.

Aaaarrrrgggghhh.

Donnerstag, 20. April

Wenn man krank ist, kann man sich ja nie vorstellen, jemals wieder ein paar Meter am Stück zu gehen, ohne dem plötzlichen Herztod nahe zu sein. Heute vor einer Woche glich der Gang ins Badezimmer einer Alpenüberquerung. Ich war jedes Mal so erschöpft, weil ich runter ins Erdgeschoss musste (oben haben wir kein Bad) und dann noch einmal ganz nach hinten durch. Zwischendurch hatte ich sogar den teuflischen Plan entwickelt, nichts mehr zu trinken, um nicht mehr… nun, Sie wissen! Inzwischen fühle ich mich aber schon wieder ziemlich gut. Haben heute sogar schon einen richtig schönen Spaziergang unternommen. Das Wetter war einfach herrlich. Nicht zu warm, nicht zu kalt, windstill, blauer Himmel ohne eine einzige Wolke. Haben uns nach dem Essen ins Auto gesetzt und sind für einen Spaziergang zum See gefahren. Alle zehn Minuten fragte Günther: »Kannst du noch?«, und ich antwortete jedes Mal: »Alles paletti.« Ist das schön, wenn man wieder gesund ist, oder ist das schön? Mit jedem Schritt kamen die Kräfte zurück. Wir haben zwar immer wieder mal Pause gemacht, aber insgesamt sind wir über zwei Stunden gelaufen. Wahnsinn! Fühlte mich wie Forrest Gump, der einfach immer weiterläuft. Ich möchte fast sagen: Wir waren nicht zu bremsen! (Zugegeben, nicht zu bremsende Schnecken, aber immerhin!)

»Was meinst du, welche Strecke wir zurückgelegt haben?«, fragte ich Günther, als wir erschöpft, aber glücklich zu Hause ankamen. »Mehr als fünf Kilometer bestimmt. Oder sogar sechs? Das wär ja was!«

»Ich kann es dir gleich ganz genau sagen, Rosa!« Günther zupfte an seiner Strickjacke am Handgelenk und wurde plötzlich ganz bleich.

»Ich hatte das Fitnessarmband nicht um!«, sagte er fassungslos. »Wie kann das sein? Ich trage es doch jeden Tag.«

»Ist doch nicht so schlimm«, versuchte ich es rational.

»Nicht so schlimm?« Er japste nach Luft. »Wir sind so weit gelaufen, und ich hatte es nicht um! Es war alles umsonst!«

Mai

GüntheRosa

Donnerstag, 4. Mai

Aus der Reihe »Finde den Fehler«: Ich bin heute Nachmittag mit Günther und meinem Fitness-Tracker am Arm zum Computerclub gegangen.

Wie es dazu kommen konnte?

Bitte schön: Nach unserem Spaziergang neulich hatte Günther das Credo »Nie mehr ohne!« ausgegeben. Dass er sein Fitnessarmband vergessen hatte, hat ihn wirklich mitgenommen. Konnte ihm nicht verklickern, dass der Spaziergang an sich zählt und nicht die Tatsache, dass dieses Gerät ihm anzeigt, dass wir einen Spaziergang gemacht haben. Diese Logik wollte ihm aber partout nicht einleuchten. Nein, er wollte den Pokal auf dem Display! (Bekommt man anscheinend, wenn man sein Tagessoll erreicht hat.)

Seitdem (»Aus Fehlern kann man nur lernen, Rosa.«) sollen wir unsere Tracker immer direkt auf dem Nachttisch postieren. Das Anlegen müsse morgens so selbstverständlich werden wie bei einer Armbanduhr. Es soll ein Automatismus werden. Wir und unsere Fitness-Tracker – für immer vereint.

Kam auf jeden Fall nicht mehr drumherum und habe das Ding nun ein paarmal getragen. Ich mag es gar nicht schreiben, aber sooo blöd finde ich es nicht. Ich schaue zwar nicht wirklich drauf, um zu sehen, wie viele Schritte ich gehe, doch man fühlt sich irgendwie agiler damit. Und schick sieht es auch noch aus. Wenn ich am selben Handgelenk dann auch das Flechtarmband trage, das Julia mir mal aus Schweden mitgebracht hat, sehe ich mit gutem Willen wie Iris Berben aus, die gerade auf Ibiza zum Yoga geht.

All das sage ich Günther natürlich nicht. Nachdem ich mich so über ihn und das Fitnessarmband lustig gemacht habe, kann ich nicht plötzlich damit kommen, dass ich es ganz gut finde. Tue also immer so, als ob ich den Tracker nur widerwillig anlege. (»Warum muss ich ihn denn tragen, Günther?« – »Glaub mir, man geht viel mehr, wenn man ihn trägt.« – »Och nö.« – »Nun komm schon.« – »Na schön.« – »Geht doch.«) Vielleicht durchschaut er mich, aber er spielt jedes Mal von Neuem wieder mit! So viel also zum Thema »Ich bin heute Nachmittag mit Günther und meinem Fitness-Tracker am Arm…«.

Kommen wir nun zum Computerclub: Wirklich, da wollte ich NICHT hin! Doch Günther hat mich heute Morgen einfach überrumpelt. Beim Frühstück fragte er: »Heute kommst du aber mit, oder?« Konnte schlecht sagen, dass ich mich nicht fühle, denn ich bin ja erst krank gewesen und fühle mich gerade putzmunter. Auch Termine konnte ich nicht als Ausrede anführen, denn ich hatte schlichtweg keine.

»Was steht denn an?«, hörte ich mich fragen – und hatte damit mein Schicksal besiegelt. (Gib ihm den kleinen Finger…)

»E-Mail und Textverarbeitung«, sagte Günther. »Genau dein Thema! Du kannst ja von deiner Test-Mail an Ute berichten.« Er lachte. »Apropos: Wann kochst du eigentlich für mich?«

Drei Stunden später fand ich mich im Computerclub wieder. Günther wurde wie ein alter Bekannter von allen Seiten begrüßt. Gut, streng genommen ist er es ja auch, schließlich tapert er jede Woche hierher, aber ich musste mich erst einmal dran gewöhnen, dass mein Günther, der bis dato Sudoku-spielende und schweigende Ingenieur im Ruhestand, Teil einer eingeschworenen Gemeinschaft war. Hallo hier, hallo da. Eine unbekannte Frau fragte ihn im Vorbeigehen: »Hat es eigentlich bei dir mit der Synchronisation vom Tablet mit dem PC geklappt? Peter meinte, du könntest es sonst mit Bluetooth versuchen. Können wir ja später noch mal bequatschen.«

Sie sagte Tablet, englisch ausgesprochen.

Und Synchronisation.

Und Bluetooth.

Und sie wollte etwas mit Günther bequatschen (!).

Kam aus dem Staunen nicht mehr raus. Schielte zu Günther rüber, ob der das alles auch so schräg fand wie ich, aber der nickte nur und sagte: »Mit Bluetooth hat's wirklich geklappt! Grüß Peter schön, wir hatten anscheinend den gleichen Riecher.«

Die Frau lachte. Günther lachte. Und mein Fragezeichen auf der Stirn wurde immer größer.

Als wir in den Seminarraum kamen, setzten Günther und ich uns an den letzten verbliebenen Platz. »Wir können ja zusammen an einem Rechner arbeiten«, flüsterte Günther mir zu. »Wenn du Fragen hast – ich bin immer für dich da.« Er musste schmunzeln, als er das sagte. War ihm der ganze Irrsinn also doch nicht entgangen?

»Ich habe schon eine Frage«, flüsterte ich zurück. »Warum???«

Günther musste wieder lachen, hielt sich aber schnell den Zeigefinger an den Mund. »Pssst, es geht los!« Er zeigte nach vorne, wo Günther II am Tisch an der Stirnseite gerade ein paar Zettel sortierte. Als der seinen Kopf hob und in die Runde blickte, fiel sein Blick auf mich.

»Aah, die verlorene Ehefrau ist wieder da«, rief Günther II lachend. »Wie schön, dass du mit einsteigst!« (»Einsteigst« – da war es wieder, dieses beunruhigende Wort!)

»Rosa ist jetzt auch dabei«, sagte er zu den anderen. Zwei Leute klopften anerkennend auf den Tisch, darunter auch Adapter-Gisela! (War die doch tatsächlich schon wieder hier?!)

»Rosa weiß aber noch nicht, ob sie inhaltlich folgen kann«, sagte ich, und alle lachten. (Immer ein probates Mittel: Von sich in der dritten Person Singular reden und so tun, als mache man einen Scherz, damit die anderen denken: »Na, die wird bestimmt schon alles wissen, wenn sie solche Scherze macht.«)

Günther II lachte auch.

»Ich weiß, dass heute eigentlich E-Mail und Textverarbeitung auf dem Programm stehen«, setzte er an, »aber wir haben intern noch einmal über Günther und Dr. Google gesprochen.« Er lachte, und ich spürte, wie Günther neben mir zusammenzuckte.

»Für alle, die neulich nicht dabei waren ...«, setzte Günther II fort, »Günther hat uns erzählt, dass er im Internet nach einem medizinischen Sachverhalt geschaut hat. Und da muss er auf die eine oder andere unzuverlässige Quelle gestoßen sein. Deswegen haben wir uns überlegt ...«

Günther hob seinen Arm. »Ich möchte anmerken«,

sagte er, »dass das keine unzuverlässige Quelle war, sondern dass der Arzt einfach nicht von seinem hohen Ross runterkommen wollte und meine Expertise ignorierte.«

»Günther«, sagte Adapter-Gisela plötzlich von hinten. »Du brauchst dich doch nicht zu rechtfertigen. Das ist uns am Anfang doch allen passiert, dass man auf irgendwas Unseriöses im Netz reingefallen ist.«

Günther schnappte hörbar nach Luft, doch Günther II sagte: »Danke, Gisela, für die Brücke. Niemand muss sich schämen, wenn er beim Surfen auf irgendwas reinfällt. Im Gegenteil: Deine Anekdote, Günther, hat uns wachgerüttelt. Deswegen wollen wir uns heute dem Thema ›Sicherheit im Netz‹ widmen. Woran erkenne ich eine seriöse Quelle? Wo lauern Gefahren? All diese Fragen eben.« Er tippte etwas in seinen Computer ein, woraufhin auf der weißen Leinwand an der Stirnseite ein Dokument erschien. »Ich habe da mal was vorbereitet.«

Es folgten: zwei Stunden des Grauens.

Nach und nach ging Günther II mit uns alle Gefahren im Internet durch. Machen wir es kurz: Man muss wirklich lebensmüde sein, wenn man sich in diese Falle begibt! Ich fasse mal grob zusammen, was alles passieren kann:

– Der Klassiker unter den Trickbetrügereien sind sogenannte Spammails (hatte erst »Sbäm« aufgeschrieben, aber Günther (!) hat mich gleich korrigiert). Beispiel: Ein englischer Geschäftsmann schreibt, dass er einem dreißig Millionen überweisen möchte und man ihm deswegen die Kontodaten schicken soll. Nie, nie, nie dürfe man auf diese Mails antworten, sagte Günther II eindringlich. »Glaubt mir, es gibt keinen englischen Geschäftsmann, der euch dreißig Millionen überweisen will.« Adapter-Gisela murmelte »schade« vor sich hin, und alle lachten. Man soll auch ja keine Anhänge öffnen oder auf irgendwelche Links klicken. »Löschen, löschen, löschen«, schwor Günther II uns ein. Sah, wie Günther in Großbuchstaben in sein Notizheft »NIX ANKLICKEN!!!!!!!!!!!!!!!« schrieb und einen roten Kreis drumherum malte. Bei Spammails gelte nur ein Mantra, sagte Günther II und sang auf die Werbemelodie von *Ab in den Urlaub*: »Ab in den Papierkorb.« (Kam bei »Papierkorb« von den Silben zwar nicht ganz hin, aber der Wille zählte! Wurde bis zum Ende der Stunde auch prompt zum Ohrwurm!)

– Der neueste Trick: Die Betrüger hacken (wichtiges Wort, kam oft vor!) den Computer und erpressen den Besitzer. Das sehe dann so aus: Plötzlich erscheint ein Horrorclown auf dem Bildschirm und verlangt, dass man eine Summe auf ein Bankkonto überweist. Wenn man das nicht macht, werden Daten vom Computer gelöscht. »Nach und nach können die alles vom Rechner runterziehen, wenn man nicht zahlt«, sagte Günther II. Fragte mich, ob wir überhaupt irgendetwas von Interesse auf unserem Computer haben (Was sollte das sein?), aber Günther nahm den Rotstift und schrieb: »ACHTUNG, CLOWN!!!!!!!!!« Er warf mir einen besorgten Blick zu. »Stell dir mal vor, die wollen an unsere Daten ran«, flüsterte er mir zu. »Meinst du nicht, dass die Computer nehmen, in denen auch was Wichtiges drin ist?«, flüsterte ich zurück. Günther verdrehte die Augen und wandte sich an seinen Sitznachbarn: »Rosa versteht den Ernst der Lage nicht.«

– Auch beliebt: Jemand ruft auf dem Festnetztelefon an und gibt sich als Mitarbeiter einer Computerfirma aus. Dann muss man ein Fernwartungsprogramm aus dem Internet runterladen, während der Anrufer am Apparat bleibt. Habe diese Masche nicht ganz verstanden, aber wenn der Anrufer irgendwann auflegt, ist der Computer kaputt und man ist viel Geld los.

– Die Betrüger geben sich in einer E-Mail als ein enger Verwandter aus, der Hilfe braucht. So könnte uns zum Beispiel »Julia« schreiben, dass sie bedroht wird und wir schnell tausend Euro auf ein Bankkonto in der Karibik überweisen müssen. »Natürlich wird eure Tochter NICHT bedroht«, sagte Günther II. »Glaubt das bloß nicht! Das ist ein Trick!« Er steigerte sich so in dieses Beispiel rein (er war wohl selbst mal auf etwas Ähnliches reingefallen), dass er irgendwann rief: »Helft niemandem mehr! Also … äh … ich meine natürlich, nicht der falschen Julia!«

Danach streiften wir noch die Themen »Bankgeschäfte im Internet« (unsicher), »Soziale Netzwerke« (auch unsicher) und »Onlineshopping« (auch unsicher).

Während wir am Anfang noch lachten, wurde die Stimmung im Laufe des Seminars zunehmend betrübter. Am Ende starrten zehn Rentneraugenpaare mit leerem Blick auf ihre Bildschirme vor sich. Dass ich das einmal sagen würde: Hätten es nicht E-Mail und Textverarbeitung auch getan???

Auf dem Nachhauseweg sprachen Günther und ich nicht viel. Ich dachte immer noch darüber nach, ob ein Clown bald an Günthers Wo-fliegt-welches-Flugzeug-am-Himmel-Programm wollte, und auch Günther war in Gedanken versunken. Als wir zu Hause ankamen, rief ich sofort Ute an.

»Das ist der reinste Wahnsinn!«, flüsterte ich in den Hörer (Günther stand in der Küche und konnte vielleicht mithören). »Wir waren doch heute im Computerclub. Du glaubst gar nicht, wie gefährlich dieses Internet ist. Auch Günther ist das Lachen vergangen. Du hättest ihn erleben sollen, so klein mit Hut! Aber eine gute Seite hat das Ganze: Wir werden wohl nicht mehr viel am Tablett machen. Das Kapitel scheint abgeschlossen. Lieber ein Ende mit Schrecken als ein Schrecken … du weißt!«

Freitag, 5. Mai

Günther hat fünf verschiedene Antivirenprogramme sowohl auf dem Tablett als auch auf seinem Computer im Arbeitszimmer installiert. Wenn man das Tablett aufklappen möchte, muss man nun auch noch einen SicherheitsCode eingeben: ████████████

Darf den Code natürlich nicht preisgeben und musste Günther schwören (was man nicht alles mitmacht), ihn nie, nie, nie, niemals jemandem zu verraten. Nur wir beide sollen den Code kennen. Ich denke, unser Tablett ist nun so abgesichert wie die Atomwaffen des amerikanischen Präsidenten.

Nachdem Günther alles installiert und mir den Schwur abgenommen hatte, sagte er den beunruhigenden Satz: »Uns kann nichts mehr passieren. Jetzt kann es richtig losgehen.«

Sonntag, 7. Mai

Wie schnell sich das Blatt doch um 180 Grad wenden kann. Da hatte ich mich gerade gefreut, dass die Sicherheitsschulung von Günther II ein Wendepunkt für uns werden könnte. Eine Wende zurück in ein technikfreies Leben. Nun aber muss ich sagen: »Jetzt kann es richtig losgehen« war keine leere Drohung. Im Gegenteil. Günther ist entfesselt. Nach seiner Logik muss man den Computer nur ausreichend genug sichern und kann dann klicken, bis der Arzt kommt. (Muss Günther II unbedingt fragen, ob das stimmt. Ich verstehe ja nicht viel von dem ganzen Kram, aber kann nicht trotzdem jemand anrufen und sagen, er sei ein Mitarbeiter von einer Computerfirma???)

Heute Morgen hat Günther auf jeden Fall ein Programm aus dem Internet runtergeladen, mit dem man seine Reisekostenabrechnung machen kann (WARUM???), und gerade hat er uns – festhalten – unter dem Namen »GüntheRosa« bei Facebook angemeldet.

»Du hast was?«, rief ich aus der Küche, weil ich noch dachte, ich hätte mich verhört.

»Ich habe uns bei Facebook angemeldet.« Er saß mit roten Wangen am Wohnzimmertisch vor dem Tablett. Ergriffen hielt er inne. Dann sagte er bedeutungsschwer: »Wir sind drin!«

Haben gleich Julia dort gesucht und angeschrieben (das konnte ich mir nun wirklich nicht entgehen lassen).

»Hallo Julia, wir sind jetzt auch hier. Wir hoffen, du bist gestern vom Geburtstag gut nach Hause gekommen. Nimm doch sonst ruhig ein Taxi in Zukunft, irgendwie haben wir immer ein ungutes Gefühl, wenn du so spät noch unterwegs bist. Wie war es denn? Liebe Grüße, Mama & Papa. Rufst du heute Abend (7. Mai) mal an?«

Kurz danach kam eine Mitteilung, dass ein gewisser Thomas Fischermann unseren Beitrag mit »geil« kommentiert hat.

Zwei Fragen: Wer ist Thomas Fischermann? Warum liest der unsere Nachrichten an Julia???

Montag, 8. Mai

Zwei Erkenntnisse:

1. Wir haben Julia anscheinend keine private Nachricht geschrieben, sondern öffentlich auf ihre Pinnwand. So nennt man wohl so eine Seite, die alle lesen können.
2. Thomas Fischermann ist ein Arbeitskollege von Julia und fand es »geil«, dass Eltern ihrer Tochter im 21. Jahrhundert noch auf die Pinnwand schreiben.

»Ich weiß nicht, ob ich lachen oder weinen soll, dass ihr jetzt bei Facebook seid«, sagte Julia am Telefon. Aber immerhin findet sie unseren Namen lustig. GüntheRosa. Erinnere sie an Brangelina (Brad Pitt und Angelina Jolie).

Samstag, 20. Mai

Seit Technik-Günther (den Spitznamen hat Julia ihm gegeben) von der Kette gelassen wurde beziehungsweise sich selbst davon befreit hat, hat sich unser Leben ... nun ... doch ein wenig auseinanderentwickelt.

Unsere Woche im Vergleich:

	Ich	Günther
Samstag	Habe alles für den Flohmarkt mit Ute am Sonntag vorbereitet. Dachboden entrümpelt und Kleiderschrank ausgemistet, ganzen Tag beschäftigt. Abends alles in Kisten verpackt. Verschwitzt und erschöpft ins Bett.	Saß im Arbeitszimmer.
Sonntag	Flohmarkt mit Ute in der Messehalle. Gut verkauft. Ließ mich dummerweise beim Dufflecoat auf lächerliche zehn Euro runterhandeln. Habe danach wie ein Mantra wiederholt: »Ist doch gut, dass ich ihn los bin, so ist mehr Platz im Schrank.« (Was man sich eben so einredet!) Der war doch noch so gut. Und dann für zehn Euro. Käuferin beobachtet, die mit dem Mantel über dem Arm strahlend durch die Messehalle wippte. Hat Schnapp ihres Lebens gemacht. Daraufhin selbst Frustkauf getätigt: beim Nach-	Saß im Arbeitszimmer.

	Ich	**Günther**
	barstand hässliche Suppenschüssel für fünf Euro erstanden. Abends verschwitzt und erschöpft ins Bett.	
Montag	Morgens drei Kuchen für die Geburtstagsfeier von Frau Kröger (Heimleiterin, wurde sechzig) gebacken und nachmittags beim Kaffeetrinken im Heim mitgeholfen. Abends verschwitzt und erschöpft ins Bett.	War im Computerclub.
Dienstag	Habe Tante Lotti und den anderen im Wintergarten Märchen vorgelesen. Danach noch fünf Runden Mensch-ärgere-dich-nicht gespielt (bis Tante Lotti gewann).	Saß im Arbeitszimmer.
Mittwoch	Julia ein Kissen zur Aufheiterung genäht (aus süßem Stoff mit Herzen, hatte ich morgens zufällig in der Stadt entdeckt). Mit Ach und Krach bis Postleerung fertig bekommen. Abends verschwitzt und erschöpft ins Bett.	War im Computerclub.

	Ich	Günther
Donnerstag	Gartenmöbel aus dem Schuppen geholt und mit neuer Lasur bestrichen. (Vorher aus dem Baumarkt geholt.) Abends verschwitzt und erschöpft ins Bett.	Saß im Arbeitszimmer.
Freitag	Ganzen Tag im Garten gearbeitet: Salatgurken ausgesät und im Vorgarten die Rosen beschnitten. Abends verschwitzt und erschöpft ins Bett.	Erst Computerclub, dann Arbeitszimmer.

Ich meine, ich finde es ja schön, wenn jeder Partner auch noch eigene Beschäftigungen hat (wer weiß das mehr zu schätzen als ich!), aber irgendwie entwickelt sich Günther langsam zu einem unbekannten Wesen. Frage ich ihn, wie das Wetter ist (damit ich weiß, wie warm ich mich anziehen soll), geht er nicht mehr kurz vor die Tür, sondern klickt wie wild auf seinem Tablett umher, nur um mir dann zu sagen: »Laut Kachelmann-Wetter scheint gerade die Sonne.«

Bei Facebook ist er inzwischen in acht Gruppen aktiv (unter anderem »Blumen, ein Naturwunder« und »Raumfahrt-News«). Als ich am Freitag im Vorgarten gearbeitet habe, kam er plötzlich mit dem Tablett raus, um ein Foto von mir zu machen. Wie er mir abends gestand, hat er das Foto in der Gruppe »Wir grünen Daumen« veröffentlicht. Wildfremde Menschen haben es mit »Sieht tooooooll aus!« und »So macht der Mai Spaß« kommentiert.

Sein neuester Coup: Er ist Besitzer einer Lkw-Spedition. Natürlich nicht in echt (schön wär's!), sondern nur in seinem Computer. Neulich stand wohl im Computerclub das Thema »Spiele« an (auch auf die Gefahr hin, dass ich mich wiederhole: Hätten es nicht E-Mail und Textverarbeitung auch getan?), und prompt hat Günther sich das Spiel heruntergeladen, das Günther II vorgestellt hatte: Man leitet quasi eine Spedition und muss Aufträge erledigen, Personal einstellen, die Buchhaltung führen und Dienstpläne erstellen – im Prinzip ein Fulltime-Job, nur eben alles gespielt. Früher war Günther im Büro oft cholerisch, wenn etwas nicht klappte (Perfektionist!). Neulich hörte ich ihn im Arbeitszimmer fluchen und auf den Tisch hauen. Stürmte ins Zimmer. »Was ist passiert?« Günther: »Ich habe einen Silotransport nach Nürnberg angenommen, aber jetzt kriege ich dieses verdammte Fahrzeug nicht rechtzeitig aus der Inspektion!«

Irgendwie erinnert mich die ganze Situation mehr und mehr an Max, Utes Enkel. Vor einem Jahr hatte der eine Phase, in der er den ganzen Tag wahlweise vor seinem Handy oder seinem Computer klebte. Seine Nackenmuskeln waren irgendwann so steif, dass er sogar zum Chiropraktiker musste. Ein Achtjähriger! Wegen eines Handys! Auch seine Schulkameraden sind geradezu abhängig von diesen Geräten. Im Unterricht haben sie es nun so gelöst, dass eine Puppe vorne auf dem Pult sitzt (ist angezogen wie ein kleiner Polizist), die entweder eine grüne oder eine rote Kelle in der Hand hat (kann der Lehrer je nach Bedarf umstecken). Grüne Kelle heißt: Handys sind erlaubt, rote Kelle heißt: Handys sind verboten. Man müsse es spielerisch lösen, hatte die Rektorin gesagt. Stelle mir vor, wie ich mit einer Puppe, die eine rote Kelle in der Hand hat, den fünfjährigen Günther zur Räson bringe.

Das klingt jetzt vielleicht erst mal ganz unterhaltsam, aber mir macht das Ganze wirklich zu schaffen. Neulich war ich gerade dabei einzuschlafen, als ich kurz vorher so richtig zusammengeschreckt bin. Wissen Sie, was ich geträumt habe? Mir ist ein Computer auf den Kopf gedonnert. Man muss nun wirklich kein Tiefenpsychologe sein, um das deuten zu können. Kurz: Günther macht mich fertig.

»Ich sehe nur einen Ausweg«, sagte Ute irgendwann, als wir im Café saßen und ich auf die Frage »Und was macht Günther so?« wahrheitsgemäß »Keine Ahnung. Frag bitte seinen Computer. Er verbringt mehr Zeit mit ihm als mit mir« antwortete.

»Du musst ihm ein Angebot machen. Du musst ihm zeigen, dass da draußen noch eine andere Welt ist, die lebenswert ist. Eine reale Welt. Mit echten Personen, echten Dingen, echten Gefühlen.« Großer Gott, das klang so, als würde sie auf einen Selbstmörder einreden, der gerade auf einer Brücke stand. Ute nahm den Salzstreuer in die Hand, der auf dem Tisch stand. »Hier, der ist echt.« Sie schnappte sich die Speisekarte und schnupperte an den Seiten. »Auch echt. Günther muss doch wieder in der realen Welt ankommen!«

»Ich bin mit meinem Latein am Ende«, sagte ich. »Es ist ja wirklich toll, dass er etwas gefunden hat, das ihm Spaß macht. Aber muss er gleich so übertreiben? Er lebt ja quasi im Internet! Nächste Woche sind wir zum Glück abends bei Kurt und Irene zum Essen eingeladen. Ganz real.«

Kurt ist ein ehemaliger Arbeitskollege von Günther und

vor drei Monaten in Rente gegangen. Als Günther damals in Rente gegangen ist, haben die beiden uns kurz danach auch zum Essen eingeladen. Es war ein netter Abend, obwohl Kurt oft die Worte »Arbeit«, »Überstunden« und »neue Projekte« in den Mund nahm. (Günther zuckte jedes Mal ein klein wenig zusammen; es war die Zeit, in der er oft auf dem Sofa saß und noch mit seinem neuen Leben fremdelte.)

Wie würde es wohl Kurt jetzt gehen? Hatte die beiden neulich nur einmal zufällig auf dem Fahrrad in der Stadt gesehen. Irene winkte und rief von Weitem: »Keine Zeit!« Kann die Wahrheit gewesen sein, kann aber auch aus purer Verzweiflung geflunkert gewesen sein. Was habe ich damals schließlich alles behauptet?!

Dienstag, 23. Mai

10 Uhr

Julia ruft an. »Hast du kurz eine Minute, Mama?« Sie klingt irgendwie bedrückt. Oh je, ob es wohl Neuigkeiten von Richard gibt? Von Auszeit zu Ende?

»Natürlich, was gibt's denn?«, sage ich einfühlsam.

»Papa hat Sandra geadded.«

Verstehe nur Bahnhof. Sandra? Adden?

»Du kennst doch meine alte Schulfreundin. Ich habe ewig keinen Kontakt mehr zu ihr gehabt, aber sie hat mir über Facebook geschrieben, dass Papa ihr eine Freundschaftsanfrage geschickt hat. Sie hat sie auch noch angenommen. Aus Nettigkeit bestimmt.« Julia lacht hilflos auf. »Kannst du nicht mal mit ihm sprechen? Sandra hat zwar getan, als würde sie das lustig finden. Ich meine, versteh mich nicht falsch. Ich finde es ja gut, dass ihr bei Facebook seid. Aber muss er alte Freunde von mir adden???«

Das letzte Mal klang Julias Stimme so hilflos-verzweifelt, als Richard ihr mitgeteilt hat, eine Auszeit haben zu wollen.

10.15 Uhr

Günther sitzt vor dem Tablett am Küchentisch.

»Warum hast du Sandra bei Facebook als Freundin geadded?«, frage ich vorwurfsvoll.

»Sandra? Kenn ich nicht.«

»Die alte Schulfreundin von Julia.«

»Ach sooo«, er sieht auf und lacht. »Die habe ich in Julias Freundesliste gefunden. Die war doch in der Grundschule öfter bei uns zum Spielen.«

»Julia meint, es wäre etwas unpassend, dass du ihr eine Freundschaftseinladung geschickt hast.«

Günther widmet sich wieder dem Tablett und sagt, ohne aufzusehen: »Sag deiner Tochter, dass es bei Facebook viel lockerer zugeht als im wahren Leben. Da added man viele einfach mal so.«

10.30 Uhr

Rufe Julia an.

»Dein Vater sagt, dass es bei Facebook viel lockerer zugeht als im wahren Leben. Da added man viele einfach mal so.«

»Wie du redest, Mama.«

»So redet dein Vater.«

»Ist ja auch egal, es ist auf jeden Fall ein bisschen ...«, sie druckst, »peinlich.«

»Wie viele Freunde hat Papa denn überhaupt bei Facebook?«

»Warte, ich kann es dir genau sagen.« Höre, wie Julia irgendwas tippt. »Acht. Nach den Bildern zu urteilen sechs in eurem Alter und dann mich und eben Sandra.« Sie stöhnt. »Ach, und sag ihm bitte diplomatisch, dass er mir keine Katzenvideos auf meine öffentliche Pinnwand posten soll.«

»Er macht was???«

»Gestern war es ein Video, auf dem eine Katze Klavier spielt. Er hat dazu geschrieben: ›Erinnert mich an deine ersten Versuche ☺☺☺☺☺☺☺.‹« Julia stockt. »Das ist doch gar nicht Papa!«

Freitag, 26. Mai

Günther hat den ganzen Tag mit seinem Lkw-Spiel verbracht. Er hat ein Angebot für eine Ausschreibung abgegeben und eine Stellenanzeige geschaltet, weil er für ein neues Lager einen Geschäftsführer einstellen will. O-Ton: »Ich schaff das alles gar nicht mehr alleine.« Sehe mich schon bei *stern TV* sitzen und mit brüchiger Stimme davon berichten, wie es ist, wenn ein naher Angehöriger in einer Scheinwelt lebt.

Morgen ist das Abendessen bei Kurt und Irene. Vorausgesetzt, der Speditionsinhaber kann es zeitlich einrichten.

Grundgütiger.

Sonntag, 28. Mai

Wir kommen gerade von Kurt und Irene zurück. Was soll ich sagen? Es gibt ein Licht am Ende des Tunnels. Und es heißt: BIER!

Juni

Alkohol ist auch keine Lösung

Freitag, 2. Juni

Der Tag des Besuchs bei Kurt und Irene fing mit einem Morgen aus der Reihe »Mein Mann, das unbekannte Wesen« an. Denn anstatt in der Geschenkeschublade nach einem kleinen Mitbringsel für die beiden zu schauen, bestand Günther darauf, in die Stadt zu gehen und etwas zu besorgen. Das tat er dann auch gleich nach dem Frühstück – und kam zurück mit dem Wälzer *Internet für Senioren: Aktuell zu Windows 10 und dem neuen Browser Edge*. Mein – wie ich fand – berechtigter Einwand »Du weißt doch gar nicht, ob Kurt und Irene auch so viel mit dem Internet machen wie du« wurde mit einem Augenrollen quittiert.

»*Wenn* sie es aber tun, dann sind sie vorbereitet. Man kann nämlich Chrome-Erweiterungen in Edge umwandeln lassen. Das wissen viele gar nicht. Steht aber alles hier drin!«

»Das ist nun wirklich zu speziell.«

»Glaub ich nicht.«

»Ich schon.«

»Ich nicht.«

»Ich schon.«

»Ich nicht.«

»Ich schon.«

Wir drehten uns irgendwie im Kreis. Packte also zähneknirschend das Buch in Geschenkpapier ein und schrieb auf eine Karte: »Danke für die Einladung, wie ihr seht, ist Günther im Internetfieber ☺ Er ist nicht zu stoppen!« (Wenn ich jedes Mal, wenn ich etwas Nicht-Lustiges lustig überspiele, einen Euro bekommen würde, wäre ich längst Millionärin!)

Als wir dann abends zu den beiden fuhren (dauert etwa zehn Minuten mit dem Auto), brach sich Günthers neuester Tick Bahn: Er guckt seit Neuestem nämlich nicht mehr auf die Straße (keine Sorge, ich fahre!), sondern starrt permanent auf sein Handy und verfolgt auf Google Maps, wo wir gerade sind. Unser Auto ist ein kleiner blauer Punkt, und Günther scheint geradezu hypnotisiert davon zu sein, wie dieser kleine Punkt mal abbiegt, dann stehen bleibt und dann wieder losfährt.

»Laut aktueller Verkehrslage beträgt die Fahrtzeit neun Minuten«, sagte Günther, ohne von seinem Handy aufzusehen.

Es war an Albernheit nicht zu übertreffen. Ich meine, es ist doch vollkommen egal, ob wir nun acht, neun, zehn, elf oder zwölf Minuten brauchen. Seit zwölf Jahren fahren wir in unregelmäßigen Abständen zu Kurt und Irene zum Essen. Und ob nun in China ein Sack Reis umfällt oder wir eine Minute länger zu Kurt und Irene brauchen: ES IST VOLLKOMMEN EGAAAL.

»Ommmmm, ich darf mich nicht aufregen«, ermahnte ich mich innerlich und konzentrierte mich wieder auf die Straße.

»Laut Google kommen wir gut durch. Kein Stau«, sagte Günther, erneut ohne aufzusehen.

»Das weiß ich!«

»Woher?« Er drehte mit einem Ruck seinen Kopf zu mir und sah mich erstaunt an.

»Ich sehe aus dem Fenster.«

»Äh … ach ja.« Er widmete sich wieder dem Handy.

Nachdem Günther mich jede Minute darüber aufgeklärt hatte, dass wir wieder eine Minute weniger zum Ziel brauchen würden, nahm ich am Kreisverkehr einfach mal eine andere Ausfahrt (führte auch zum Ziel, war aber ein kleiner Umweg). Konnte mir ein Grinsen nicht verkneifen. Günther schüttelte ermattet den Kopf und sagte trocken: »Sei nicht albern, Rosa.«

Der Abend bei Kurt und Irene war schließlich ein Auf und Ab der Gefühle. Irgendwie bildete ich mir ein, dass Kurt abgenommen hat. Die Strickjacke, die er trug, saß nicht richtig, und auch seine Haare waren Marke »Bad Hair Day«, wie Julia es nennen würde. Normalerweise trug Büro-Kurt immer karierte Hemden, aber anscheinend hatten sich mit dem Ruhestand nicht nur die Arbeit, sondern auch die Hemden verabschiedet. Irene wirkte ebenfalls irgendwie bedrückt. Sie sprach zwar oft von »neu gewonnener Freiheit«, aber jedes Mal lachte sie dazu ein wenig zu gekünstelt auf. »Wir müssen uns nur ein bisschen umstellen«, sagte sie. »Nicht wahr, Schatz?« Kurt nickte. »Wir müssen uns nur umstellen«, wiederholte er tapfer.

Das Ganze war für mich ein Déjà-vu: Als Günther vor zwei Jahren in Rente ging, wussten wir auch beide nicht so richtig, wie wir mit der neuen Situation umgehen sollten. Von hundert auf null. Von einem Tag auf den anderen. Wusste genau, wie Kurt und Irene sich fühlten. Kurt war genauso ein Arbeitstier wie Günther gewesen. Das Loch, in das er gefallen war, musste riesig gewesen sein. Spürte, wie ich sie mitleidig anschaute. (Um ein Haar wäre mir sogar »Mein Beileid« rausgerutscht. Gott bewahre, der Mann ist in Rente gegangen und nicht gestorben!)

»Aber jetzt erzählt ihr doch mal, wie geht es euch?«, fragte Irene.

Günther, der normalerweise ja nicht so viel redet, nahm die Frage zum Anlass, um mal richtig auszuholen: Ausgiebig berichtete er von seiner Zeit »im Club« (»Die Gruppe hat's wirklich drauf.«), vom Tablett (»Ganz neue Lebensqualität!«) und von Facebook (»Vernetzen ist doch heute alles.«). Kam aus dem Staunen nicht mehr raus. Wer war dieser Mann neben mir???

Irgendwann erzählte er dann auch noch von seiner Lkw-Spedition. Er berichtete so detailversessen von seinen sieben Frachtarten und der Herausforderung, Einzel- und Rahmenverträge unterschiedlich zu gestalten, dass Irene irgendwann vollkommen verdattert fragte: »Aber das ist jetzt ein Computerspiel, oder?«

»Nein!«, stieß Günther hervor. »Also, ich meine... ja, schon... irgendwie.«

Betretenes Schweigen.

»Ich habe Kurt ja einen Bierbraukurs an der Volkshochschule geschenkt«, sagte Irene schließlich, um die Stille zu überbrücken.

Klassische Hobbybeschaffungsmaßnahme, schoss es mir durch den Kopf. Wenn ich daran dachte, was ich Günther in der Anfangszeit alles unterschieben wollte: Tennis, Golf, Kochen... Als ich gar nicht mehr weiterwusste, weil Günther bis dato alle Angebote ausgeschlagen hatte, wollte ich ihm sogar Angel-Casting andrehen: Man zielt mit einer Angel in einen Eimer. Das ist alles. Mehr macht man da nicht! Das war wohl der Tiefpunkt der Ich-suche-eine-Arbeitsbeschaffungsmaßnahme-für-meinen-Mann-Phase. Wobei mir einfällt: Eigentlich könnte ich doch aus dem

Stegreif einen Ratgeber schreiben: »Sagen Sie mir, welches Hobby Sie ihm unterschieben wollen, und ich sag Ihnen, wie lange Ihr Mann schon in Rente ist«.

Wo war ich stehen geblieben? Ach ja, Irene erzählte begeistert vom Bierbraukurs. Und plötzlich fiel es mir wie Schuppen von den Augen. Natürlich! Der Bierbraukurs könnte doch auch was für Günther sein! Das war der Lichtstreifen am Horizont! Der Entzug von der Droge Internet! Bodenständig, handfest, kernig: Ein Mann steht vor einem Fass und rührt regelmäßig zenmäßig mit einem schweren Holzlöffel um. Funktioniert das so? Egal, auf jeden Fall war es ein hundertprozentiger Gegenentwurf zu Günthers Ich-starre-den-ganzen-Tag-auf-einen-Bildschirm-und-bekomme-eckige-Augen-Leben.

»Das ist es«, rief ich laut, und alle drehten sich zu mir um. »Günther ist dabei!«

Nach diesen drei Worten war Günthers Schicksal besiegelt. Irgendwie schafften Irene und ich es, ihn in diesen Kurs reinzuquatschen. Günthers »Wenn ihr meint« war zwar nicht gerade der Inbegriff eines euphorischen Ausbruchs, aber immerhin wehrte er sich nicht mit Händen und Füßen (auch schon vorgekommen, Tennis, Golf etc.). Als wir uns später verabschiedeten, flüsterte mir Irene erleichtert zu: »Da haben wir unsere Männer doch gut untergebracht, oder?« Ich glaube, in diesem Moment waren wir beide die glücklichsten Rentnerfrauen der Welt. Kurt hatte bald endlich wieder etwas zu tun. Und Günther würde wieder im realen Leben ankommen. Hatten sie bis vor zwei Jahren noch Schreibtisch an Schreibtisch gesessen, würden sie bald Seite an Seite vor einem Fass stehen. War das schön oder war das schön?

Auch auf der Rückfahrt ließ ich mir die gute Laune nicht nehmen, obwohl Günther wieder auf sein Handy starrte und uns auf Google Maps verfolgte.

»Und, wie lange brauchen wir noch?«, fragte ich.

»Noch vier Minuten.«

»Das ist gut, dass wir das so genau wissen«, sagte ich so ernst wie möglich. »Sonst wäre man ja vollkommen verloren. Soll Leute geben, die ohne eine minutengenaue Zeitangabe durch die Stadt fahren.«

Günther guckte mich an und begriff schließlich, dass ich ihn verschaukelte. »Haha.«

Am nächsten Tag rief ich bei der Volkshochschule an, um Günther anzumelden. Sie hatten tatsächlich noch einen Platz frei und teilten mir mit, dass man sich auch schon für die drei (!) weiteren Aufbaukurse anmelden könne. Wenn die Kurse gut angenommen werden, richten sie eventuell auch eine wöchentliche Biergruppe ein, sagte mir die nette Frau am Telefon. Wöchentliche Treffen! Im echten Leben! Habe gleich Irene angerufen, die unser Glück auch kaum fassen konnte. »Das ist ja wunderbar«, seufzte sie. Haben uns dann so in das Thema reingesteigert, dass wir schon fast überzeugt waren, dass Günther und Kurt zusammen eine Hobbybrauerei eröffnen werden.

Ich würde sagen: Wir haben einen Lauf!

Sonntag, 4. Juni

Freue mich so über Günthers neues Hobby (zugegeben, vielleicht etwas vorgegriffen, aber ich habe einfach ein richtig gutes Gefühl!), dass ich den ganzen Tag pfeifend durch die Wohnung schwinge. Habe permanent das Lied *Ein bisschen Spaß muss sein, dann kommt das Glück von ganz allein* im Kopf. Ach herrlich, was kann das Leben schön sein, wenn man wieder eine Perspektive hat!

Nur über mich selbst ärgere ich mich momentan: Habe mich in den letzten Tagen dabei ertappt, wie ich mehr und mehr auf das Fitnessarmband schaue. Eigentlich interessiert es mich ja nicht die Bohne, ob mir dieses Ding nun anzeigt, dass ich mich bewegt habe. Aber es ist wie ein Zwang: Hat man es erst einmal am Arm, schaut man drauf – und fällt in Ohnmacht. Es ist wirklich erschreckend, wie wenig man geht. Heute zum Beispiel: Bin von A nach B gehetzt und war den ganzen Tag auf den Beinen. Und dann das: 2800 Schritte beziehungsweise 1960 Meter. Günther hat ja als Tagesziel 10 000 Schritte in dieses Ding programmiert. Mit Ach und Krach habe ich ein wenig mehr als ein Viertel geschafft! Entweder das Gerät ist kaputt, oder Günthers 10 000-Schritte-Ziel bezieht sich auf Marathonläufer aus Kenia. Ganz ehrlich, da stimmt doch was nicht. Wie anklagend und scheinheilig diese Zahl dann da auf dem Display steht: Ich muss zugeben, das macht mich fertig! Ich werde zu einer Sklavin meiner selbst. Gestern bin ich extra nach dem Abendessen einmal um den Block gelaufen, nur um die »3« vorne zu haben. Furchtbar! Warum lasse ich mich so tyrannisieren? Freiwillig! Mehr oder weniger jedenfalls.

Hatte mir auf meiner Runde schon Ausreden zurechtgelegt, warum ich noch eine kleine Tour mache. (Wollte sagen, dass ich an der Tankstelle noch Schokolade holen war.) Doch Günther hatte gar nicht bemerkt, dass ich überhaupt weg war. Als ich nach Hause kam, saß er immer noch im Arbeitszimmer und sichtete hoch konzentriert – festhalten – Bewerbungsunterlagen für eine neue Stelle in seiner Spedition.

Ohne Worte.

Mittwoch, 7. Juni

Den ganzen Tag mit Vorbereitung und Vorfreude auf den Volkshochschulkurs verbracht (ich zumindest). Zunächst im Baumarkt einen großen Sechs-Liter-Kanister gekauft, den die Teilnehmer mitnehmen sollen (sie werden anscheinend selbst gebrautes Bier mit nach Hause bringen). Danach mit Günther vor lauter Aufregung wie mit einem Kleinkind gesprochen: »Hui, ein großer Kanister!« »Freust du dich?« »Das wird bestimmt ganz, ganz tooolll.« Günther sah mich die ganze Zeit an, als hätte ich nicht mehr alle Tassen im Schrank.

Nach dem Mittagessen verschwand er im Arbeitszimmer und ward nicht mehr gesehen. Nur einmal kam er kurz raus und fotografierte den leeren Eimer. Das Foto postete er auf Facebook und schrieb dazu: »Morgen. Der Kanister & ich.«

Kurz danach rief Julia an. Ganz ergriffen sagte sie: »Papa wird noch richtig zum Hipster. Diese selbstironischen Metakommentare sind gerade total in.«

Langsam weiß ich nicht mehr, wer hier wen veräppelt.

Samstag, 10. Juni

Günther und ich haben den historischen Tag (Der Kurs! Zurück ins echte Leben!) mit einem ausführlichen Frühstück begonnen. Ich blätterte währenddessen in unserer Tageszeitung, Günther las exakt dieselbe auf seinem Tablett. Ich raschelte, Günther klickte permanent. Wenn das alte auf das neue Leben trifft. Beziehungsweise: das neue Leben bald wieder zum alten wird. (Günthers Ausstieg aus dem Internet ist nahe! Sagte ich das bereits?!)

Danach habe ich ihm noch ein Pausenbrot geschmiert, das er unter großem Protest (»Du bist nicht meine Mutter, Rosa.«) schließlich doch in seine Tasche steckte. Winkend in der Tür gestanden, bis der Braumeister, hihi, nicht mehr zu sehen war.

Fünf Minuten später

Ich traue mich gar nicht, es zu schreiben.

Ich habe mir einen Prosecco aufgemacht.

18 Uhr

Günther ist wieder da. »Und? Wie war's?«, frage ich aufgeregt, als er gerade zur Tür hereinkommt. Könnte schwören, er sagt jetzt: »Das war einfach klasse! Kurt und ich haben richtig Blut geleckt. Und weißt du was? Wir wollen eine kleine, aber feine Brauerei gründen. Dafür bauen wir Kurts Garage aus, klar, das dauert ein Weilchen. Aber wir haben hochgerechnet, dass wir schon Mitte Juli mit dem ersten Ausschank beginnen können. Und an den Wochenenden eröffnen wir in Kurts Garten einen Biergarten. Ich weiß, das kommt jetzt plötzlich: Aber ich werde mein Computerequipment verkaufen, wir brauchen schließlich Startkapital. Werde das ganze Gedöns ohnehin nicht mehr nutzen. Will mich nur noch der Brauerei widmen.«

Als Günther antwortet, muss ich realisieren, dass er irgendwie etwas anderes sagt: »Schon ganz interessant, aber wahnsinnig kompliziert. Meins wird es nicht, glaube ich.«

Das. Kann. Doch. Nicht. Wahr. Sein.

Muss ihm danach alles aus der Nase ziehen. Acht Männer haben an dem Kurs teilgenommen, alle über fünfzig (Wahrscheinlich alles klassische Arbeitsbeschaffungsmaßnahmen, denke ich mir, sage aber nichts.) Horst, der Kursleiter, ist gebürtiger Bayer und Braumeister im Ruhestand. Auf Bayerisch habe er in einem so irren Tempo die ganze Theorie durchgepeitscht, dass schon bald keiner mehr folgen konnte. Günther holt mehrere Zettel aus seiner Tasche, alle dicht beschrieben. »Ich habe versucht mitzuschreiben. Aber dass das so kompliziert ist, hätte ich nicht gedacht.« Seine Stimme klingt matt, und er wirkt alles andere als begeistert. »Dadurch war es auch gar nicht wirklich interessant. Irgendwann wusste man gar nicht mehr, warum gerade welcher Arbeitsschritt an der Reihe war.«

Das Interessanteste an der ganzen Veranstaltung fand wohl in der Pause statt. Ein Teilnehmer habe sein Handy rausgeholt und mit dessen Hilfe den Rasensprenger zu Hause bei sich im Garten angemacht. »Smart Home wird ein ganz großes Ding«, sagt Günther plötzlich ganz aufgeregt. »Jochen konnte sogar die Rollläden hoch- und runterfahren lassen. Nur mit seinem Handy! Peter meinte auch, dass in Zukunft keiner mehr ohne so etwas leben möchte.«

Ganz ehrlich: Warum verbieten die von der Volkshochschule solche Gespräche nicht???

Montag, 12. Juni

Man muss den Tatsachen ins Auge blicken: Dass Günther mit Kurt eine Brauerei eröffnen wird, ist so wahrscheinlich wie mein Erreichen der 10 000 Schritte pro Tag. Es ist mir ein Rätsel, wie das gehen soll. Inzwischen bin ich eine von denen, die in der Schlange von Rossmann immer einen Meter vor und zurück tippeln, nur um ein paar Schritte mehr auf die Uhr zu bekommen. Mein Rekord waren 6300 Schritte. Wir hatten an dem Tag mit Tante Lotti im Rollstuhl einen Riesenspaziergang gemacht, und abends musste ich auch noch zu Ute laufen, weil mein Fahrrad einen Platten hatte. 6300 Schritte. Das ist doch ein Trauerspiel.

Hatte schon die Idee, dass ich das Fitnessarmband ja mal Utes Enkel, Max, den ganzen Tag ans Handgelenk binden könnte. Wie viele Schritte bei so einem agilen Neunjährigen wohl zusammenkommen?! Ich gebe zu: Irgendwann bescheißt man sich selbst.

Zurück zu Günthers Brauerei, die es nie geben wird. Kleiner Trost: Immerhin hat er von der Volkshochschule sechs Liter halb fertiges Bier mit nach Hause gebracht, und wir haben heute Morgen einen Plan gefasst: Da man das Bier erst in sieben Wochen trinken kann (bis dahin muss Günther immer wieder umrühren, Kurzfassung) wollen wir am Tag der Fertigstellung ein kleines Sommerfest bei uns im Garten veranstalten. Das machen wir jedes Jahr, und es ist immer eine schöne Sache. Die Nachbarn kommen zusammen, Kurt und Irene, Ute und ihr Mann Wolfgang und in diesem Jahr auch »die Clique aus dem Club«. Günther hat wirklich Clique gesagt!

Musste gleich danach Julia anrufen. Sie war gerade bei der Arbeit und flüsterte in den Hörer: »Mama, was ist passiert?« (Eigentlich hatten wir mal abgemacht, dass ich sie tagsüber nur anrufe, wenn Günther oder ich in Gefahr sind.)

»Nur ganz kurz«, sagte ich aufgeregt. »Papa bezeichnet die Leute im Computerclub als seine Clique.«

Julia stöhnte. »Das ist alles?«

»Das ist alles? Papa. Dein Vater. Günther Schmidt. Erinnerst du dich? Er hat Clique gesagt!«

»Oh, Mama. Ich fass es nicht.« Aufgelegt.

Sie versteht es einfach nicht.

Auf jeden Fall bin ich ganz froh, dass Günther und ich schon ein festes Datum für das Sommerfest festgelegt haben. Dann kann nichts mehr dazwischenkommen, und Günther kann schon bald ein paar Sachen vorbereiten. O Gott, ich weiß, ich kann nicht aus meiner Haut. Aber die Vorstellung, dass er bald an der frischen Luft an seinem Weber-Grill steht und sich in die Auswahl der Holzkohle reinsteigert, finde ich irgendwie schöner, als dass er wieder im dunklen Arbeitszimmer im Internet verschwindet. Apropos: Zu unserem kleinen Sommerfest will er übrigens »über Facebook« einladen.

»Aber denen, die nicht auf Facebook sind, darf ich schon noch so Bescheid geben, oder? Also, von Angesicht zu Angesicht?«

»Natürlich!«, sagte Günther ernst (er hatte meinen sarkastischen Ton anscheinend gar nicht gehört). »Weißt du«, belehrte er mich. »Wir sind gerade in einer ganz spannenden Übergangszeit. Es ist kein Entweder-oder, sondern ein Sowohl-als-auch! Noch laufen nämlich die Systeme parallel, also, die digitale und die reale Welt existieren nebeneinander. Aber natürlich wird bald alles nur noch digital sein.«

»Das sind ja schöne Aussichten.«

»Ja, oder?« Günther strahlte.

Er versteht es einfach nicht.

Montag, 19. Juni

Meine Hoffnung, dass der Braukurs Günther wieder zurück ins wahre Leben führen würde, hat sich in keiner Weise erfüllt. Im Gegenteil: Am Wochenende hat er den gesamten Kurs im Internet nachrecherchiert. (»Mir ist jetzt richtig ein Licht aufgegangen. Was würde ich bloß ohne das Netz tun?«) Als ich einmal kurz ins Arbeitszimmer reinschneite, guckte er sich gerade ein einstündiges Video von einem Brasilianer mit deutschen Untertiteln an. Nebenbei schrieb er fleißig mit und zischte »pssst«, obwohl ich gar nichts gesagt hatte. Bei Facebook ist er inzwischen in zwei verschiedenen Biergruppen aktiv und hat sogar den armen Kurt dazu überredet, sich ebenfalls bei Facebook anzumelden, damit sie sich »über diesen Kanal« (O-Ton Günther) mit anderen austauschen können. Jetzt zieht er auch noch Kurt da mit rein. Habe schon versucht, Irene den Ernst der Lage klarzumachen, doch sie hört den Schuss nicht! Sie rief mich gestern an und berichtete erleichtert, dass Kurt mehr und mehr vor dem Computer sitzt und sich Bierbrau-Videos anguckt. »Zumindest hat er was zu tun«, sagte sie hoffnungsfroh.

»Irene, glaub mir, wir sind schon ein paar Monate weiter: Unternimm was! Kurt darf sich da auf keinen Fall weiter reinsteigern. Es wird dich in den Wahnsinn treiben, wenn er nur noch vor diesem Ding hängt und wirres Zeug redet. Glaub mir!« (Fühlte mich wie eine Sektenbeauftragte, die verzweifelt auf eine Ehefrau einredet, deren Mann sich in die Fänge von Scharlatanen begeben will.)

»Ach, solange er beschäftigt ist«, wiegelte Irene gut gelaunt ab. »Er will wohl auch mal mit in diesen Club gehen. Ist doch schön, wenn sich die beiden mit Technik beschäftigen. Findest du nicht?«

Fassen wir zusammen: Auch Kurt ist verloren.

Zugegeben, vielleicht reagiere ich ein klein wenig über. Aber sobald ich die Worte »Internet«, »Computer« oder »online« höre, schrillen bei mir nun mal alle Alarmglocken. Ich bin inzwischen so übersensibilisiert, dass sich manchmal irrwitzige Szenen abspielen. Letzte Woche brauchte ich die Telefonnummer von der Reinigung am Markt, und anstatt dass Günther im Telefonbuch nachschlug (lag nur einen Meter von ihm entfernt), wollte er doch tatsächlich extra das Tablett aus dem Arbeitszimmer holen, um die Nummer im Internet zu suchen. Ich sprang wie von der Tarantel gestochen vom Sofa auf und stellte mich ihm im Weg. »So weit kommt es noch, das gucken wir jetzt mal schön im Telefonbuch nach.« Ich schnappte mir das Telefonbuch, hob es wie die olympische Fackel in die Höhe und blätterte theatralisch durch die Seiten. Obwohl ich ihm zugegebenermaßen bis dato nicht viel Beachtung geschenkt hatte, steigerte ich mich nun so sehr hinein, dass ich irgendwann rief: »Schau mal, wie toll das aufgemacht ist. Hier, die Namen so schön in Reih und Glied aufgelistet, hier die Anzeigen, hier vorne eine Übersichtskarte über den Kreis. Nein! Toll! Wirklich toll!« Günther sah mich an, als hätte ich nicht mehr alle Tassen im Schrank (wieder einmal), was mich nur noch mehr anstachelte. Ich schnupperte am Telefonbuch und rief: »Und wie toll das riecht!«

Da saß ich nun, die verzweifelte Ehefrau, und roch an einem Telefonbuch.

So langsam komme ich mir vor wie Julia, die in der Pubertät eine schwere Hauptsache-dagegen-Phase durchmachte. Egal, was Günther und ich machten: Julia rebellierte! Irgendwann waren wir mit unserem Latein so am Ende, dass wir Rat bei einer Lehrerin suchten – und auch bekamen: »Offensichtlich lehnt Julia alles ab, was Sie machen. Also müssen Sie ihr den Wind aus den Segeln nehmen: Kapern Sie die Themen Ihrer Rebellion. Rauchen Sie, nehmen Sie Drogen, machen Sie Party, putzen Sie sich nicht mehr die Zähne, räumen Sie nicht mehr auf! Gut, die Empfehlung zu Drogen haben Sie nicht von mir. Aber rauchen könnten Sie doch mal!«

Weiß noch, wie Günther und ich eines Abends tapfer eine Zigarette nach der anderen durchquarzten und stumm im verqualmten Wohnzimmer ausharrten. Als Julia schließlich hereinkam, verkündeten wir todernst: »Wir rauchen jetzt.«

Julia starrte uns an und machte mit den Worten »Ihr seid so krank« auf dem Absatz kehrt. Sie hat seitdem übrigens nie wieder eine Zigarette angerührt. O Gott, könnte hinter Günthers Internetmasche auch der Versuch stecken, in Wahrheit *mich* von diesem Technikkram fernhalten zu wollen? Steigert er sich so in das Thema rein, damit ich in den Rebellenmodus wechsele und aus Protest den Garten umgrabe? Oder ist das jetzt einmal zu viel um die Ecke gedacht??? (Sie sehen: Ich bin schon völlig verwirrt.)

Gestern hatte ich übrigens für einen kleinen Moment die Hoffnung, dass Günther der Spaß an diesem Internet von allein vergehen würde. »Immer diese Spammails, ich kann nicht mehr!«, hörte ich ihn im Wohnzimmer fluchen.

Spammails?? War das nicht genau das, wovor Günther II uns eindringlich gewarnt hatte? Waren wir etwa Betrügern auf den Leim gegangen??

Stürmte panisch ins Wohnzimmer.

»Kriegen wir Spammails?«, fragte ich aufgebracht.

»Ja.« Günther drehte mir genervt das Tablett hin.

Konnte nicht glauben, was ich las.

»Ich bin die oben genannte Person von Kuwait. Ich bin zu Dr. Shawn Wagner, der mit Kuwait Botschaft in der Elfenbeinküste arbeitete neun Jahre lang, bevor er im Jahr 2005. We seit elf Jahren ohne ein Kind verheiratet waren gestorben verheiratet. Er starb nach kurzer Krankheit, die nur vier Tage dauerte. Seit seinem Tod habe ich beschlossen, nicht wieder heiraten oder ein Kind bekommen außerhalb meines ehelichen Wohnung, die die Bibel ist dagegen. Als mein verstorbener Mann noch lebte er hinterlegt die Summe von achtzehn Millionen Dollar achtzehn Millionen USA Dollar mit einem Finanzen/Sicherheit Gesellschaft in Europa. Bei Ihrer Antwort auf diese E-Mail, ich werde mehr Einblick, wie schlage ich dieses Geld ausgegeben werden. Ich habe, zwanzig Prozent für Sie und für Ihre Zeit und zehn Prozent für alle Kosten gesetzt, wenn es irgendeine. Bleiben gesegnet im Namen des Herrn.«

»bitte offnen sie die angehangte datei, die angehangte datei ist sichere und scan-pdf-datei.

DON LUIS ALBERT, VICE PRESIDENT INTERNATIONAL.«

»Aufgrund der unglücklichen Tod meines Boss in meinem Land. Ich habe beschlossen, einen Betrag von insgesamt Dollar 75 million, die in meinem Namen hinterlegt wurde, übertragen. Sofort zu Ihnen. Wenn Sie daran interessiert und bereit ist, der Hilfe und Unterstützung sein, dann kontaktieren Sie mich zurück, um weitere Details.«

»IHR GEWINN VON DEM MERCEDES E-KLASSE COUPÉ VERFÄLLT IN EINER STUNDE. KLICKEN SIE HIER, UM DEN GEWINN EINZULÖSEN. GEWINN VERFÄLLT. URGENT. WARNUNG. KLICKEN SIE HIER. JETZT. GEWINNGEWINN. JETZT. KLICKEN. HIERHIER.«

Alle innerhalb einer Woche gekommen!

»Und was machen wir jetzt damit?«

»Keine Sorge, Rosa«, sagte Günther und legte fürsorglich die Hand auf meinen Unterarm. »Ab in den Papierkorb«, sang er auf die Melodie von *Ab in den Urlaub* und klickte ein paarmal, bis der Posteingang leer war. Er sprach mit mir wie mit einem hilfsbedürftigen kleinen Mädchen: »Siehst du, alles weg. Du brauchst keine Angst mehr zu haben.«

Sagte ihm nicht, dass ich gar keine Angst gehabt hatte. Ich glaube, er gefällt sich in der Rolle des edlen Retters. Spielte also mit und sagte »puh«. (Was macht man nicht alles …)

Dienstag, 27. Juni

Schweißgebadet aufgewacht. In acht Wochen ist ja mein Klassentreffen! Großer Gott, das habe ich ja wegen dieses ganzen Internetkrams total vergessen.

Ab heute geht es nur noch um mich!

Juli

Da kommen mehr

Sonntag, 2. Juli

Mittlerweile würde ich mir dann doch lieber Gedanken über diesen Internetkram als über das anstehende Klassentreffen machen.

Kurzfassung: Ich kann nicht zum Klassentreffen gehen, da ich nichts zum Anziehen habe.

Langfassung: Gestern Abend kam Ute vorbei, um mit mir meinen Kleiderschrank zu sichten – und das Elend nahm seinen Lauf.

Als ich Ute nach meiner Hilfe-in-acht-Wochen-ist-das-Klassentreffen-Erkenntnis anrief, war sie sofort im Bilde. Sie hatte ihr fünfzigjähriges Klassentreffen letztes Jahr (sie ist ein Jahr älter als ich) und bezeichnet sich seitdem als ultimative Expertin in Sachen Kleidung und Auftritt. (»Bei dem Thema macht mir so schnell keiner etwas vor.«) Also verabredeten wir uns für gestern zu einer ersten Lagebesprechung.

Punkt 16 Uhr stand Ute vor der Tür. In der linken Hand hielt sie einen Strohkorb, aus dem Tücher in allen möglichen Farben hervorquollen. Rechts hatte sie eine große Mappe unter den Arm gequetscht. Sie sah aus wie eine klassische Vertreterin, fehlte nur noch der Staubsauger.

»Du planst Großes«, sagte ich lachend und ließ sie herein.

»Ich weiß noch nicht, ob eins der Tücher ins Konzept

passt, aber wir wollen ja für alles gewappnet sein. Ich sag immer: Ein Tuch kann jedem Outfit eine gewisse Raffinesse verleihen. Es kann ein Outfit aber auch erdrücken. Wie gesagt, man muss schauen, ob es ins Gesamtkonzept passt.« Sie schob sich an mir vorbei und gluckste. »Ach, ich bin ganz aufgeregt.«

Eigentlich wollte ich Ute direkt ins Schlafzimmer lotsen, um ihr ein paar Sachen im Kleiderschrank zu zeigen, die ich schon in Betracht gezogen hatte. Doch sie spazierte ohne Umwege ins Wohnzimmer und ließ sich häuslich am Esstisch nieder. »Lass uns erst einmal das theoretische Konstrukt besprechen.« Ohne aufzublicken, wühlte sie geschäftig in ihren Unterlagen. Theoretisches Konstrukt? Ute? Bist du das? Sie holte etliche handbeschriebene Zettel aus ihrer Mappe. »Ich hab da mal was vorbereitet.«

Mir war ja schon immer klar, dass Ute, die ehemalige Sekretärin, ein strukturierter Mensch ist. Aber ihre »Vor-

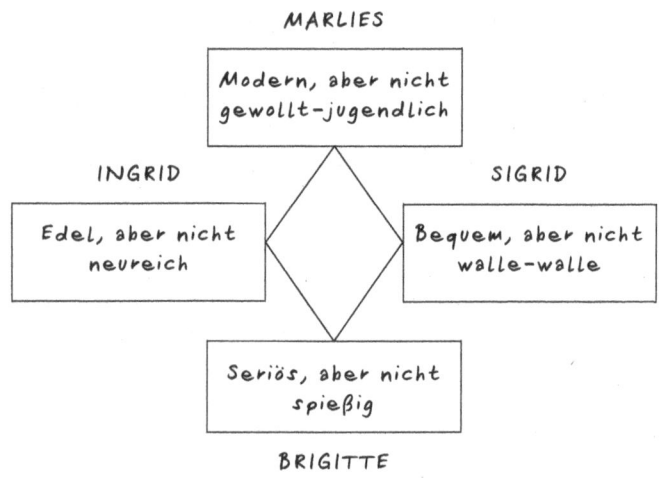

bereitung« auf mein (!) Klassentreffen toppte dann noch einmal alles.

»Hier sehen wir die vier Spannungsfelder«, sagte sie und holte einen Zettel mit einer großen Grafik heraus.

»Dein Outfit muss sich zwischen diesen vier Polen bewegen«, sagte Ute fachmännisch und zeigte nach und nach in die vier Ecken. »Du denkst jetzt wahrscheinlich, um Himmels willen, wie soll man jemals ein Outfit finden, das alle Kriterien erfüllt? Aber glaub mir, langsam ernährt sich das Eichhörnchen, oder wie heißt das? Du weißt schon: Gut Ding will Weile haben. Was ich sagen will: Ja, das Ganze ist ein Drahtseilakt. Aber wir schaffen das!«

Ich starrte abwechselnd auf sie und die Grafik.

»Es ist doch nur ein Klassentreffen. Ist das nicht ein wenig übertrieben?«, fragte ich zaghaft.

»Grundgütiger! Du begreifst den Ernst der Lage nicht.« Sie schlug die Hände über dem Kopf zusammen. »Schau mal, die Namen stehen da ja nicht ohne Grund. Oder willst du enden wie Marlies, Sigrid, Brigitte oder Ingrid?«

Wie Ute mir erklärte, waren das keineswegs ihre Stilvorbilder, sondern die vier Klassenkameradinnen, die sich mit ihrem jeweiligen Outfit auf Utes Klassentreffen gehörig in die Nesseln gesetzt hatten. Marlies trug einen viel zu kurzen Rock (»Wir alle waren geschockt!«), Sigrid hatte ein Leinenkleid an, in dem sie laut Ute wie eine Mormonenfrau aussah, Brigitte hatte sich für ein Tweed-Kostüm entschieden und wurde bei der Vorstellungsrunde gefragt, ob sie es von ihrer Oma geerbt hatte, und Ingrid hatte nach dem Motto »mehr ist mehr« so viel Schmuck angelegt, dass sie den Spitznamen »Discokugel« bekam, als alle schon ein wenig angetrunken waren.

Auf einem weiteren Zettel hatte Ute darum noch einmal die größten No-Gos zusammengefasst. »Große Ketten«, »Materialien, in denen man schwitzt« und »zu hohe Schuhe« las ich da. Und schließlich kramte sie noch eine Excel-Tabelle aus ihrer Mappe hervor. Für meine Anprobe. Zu jedem Kleidungsstück konnte man die Felder »Wirkung« und »Vor- und Nachteile« eintragen. Ich war baff. Im nächsten Leben müsste Ute Klassentreffen-Vorbereitungsplanerin werden. Hochzeitsplanerin für Alte sozusagen.

»Ich habe mir überlegt«, sagte Ute, »dass wir dich wie eine Produktdesignerin aus Mailand positionieren: elegant, aber dennoch mit einer italienischen Lässigkeit. Gekonnt, aber nicht gewollt. Du hast dir mal eben in deinem Haus in Mailand etwas übergeworfen – und, was für ein Zufall, es sieht großartig aus! Dein Auftritt dazu: souverän, humorvoll, selbstbestimmt.«

Kam mir vor wie in einem Zeugenschutzprogramm, in dem man eine neue Identität verpasst bekommt. »Frau Schmidt, Sie heißen ab sofort Francesca Fontana und stammen aus dem südsizilianischen Dorf Pozzallo. Nach einer Lehre beim Goldschmied Lorenzo Riva sind Sie nach Mailand gezogen, wo Sie in der Via Santa Valeria im Hinterhof ein kleines Atelier betreiben. Frau Schmidt, prägen Sie sich alle Fakten gut ein. Sonst fliegt alles auf.«

»Und was bedeutet das jetzt für mein Outfit?«, fragte ich schließlich.

Ute schloss wie eine Wahrsagerin die Augen und klang plötzlich, als wäre sie nur ein Medium für ein höheres Wesen: »Ich sehe ein leichtes Kaschmirpullöverchen mit V-Ausschnitt in Creme und dazu eine schmale Bundfaltenhose mit einem ganz, ganz zarten Champagnerschimmer. Dazu flache Lederslipper in Creme mit einem kleinen silbernen Detail an der Lasche. Vielleicht ist es auch ein Riemchen.« Sie öffnete die Augen und strahlte. »Was sagst du?«

»Ich besitze nichts davon.«

Ute sah gar nicht ein, sich ihre Vision durch die Realität meines Kleiderschranks vermasseln zu lassen. »Papperlapapp, wir finden schon was.« Sie legte entschlossen ihre Zettel zurück in die Mappe und ging voller Tatendrang ins Schlafzimmer. Dort ließ sie sich gut gelaunt aufs Bett plumpsen und klatschte in die Hände. »Na, dann zeig doch mal.«

Machen wir es kurz: Mit jedem Regal und mit jeder Kleiderstange, die wir durchgingen, wurde unsere Laune schlechter. Alles voll, aber nix dabei. Ganz zu schweigen von Utes Kaschmirpullöverchen-Eingebung.

Nach zwei Stunden hatten wir zwei Teile in die engere Auswahl genommen, doch auch die hielten den Anforderungen nicht wirklich stand:

- Eine Bluse mit Fledermausärmeln sah zwar allein angezogen flott aus, allerdings knitterte sie unter einer Jacke sofort so stark, dass ich laut Ute a) entweder ein Bügeleisen im Restaurant postieren und sie zwischendurch heimlich aufbügeln müsse oder b) die Jacke nie, nie, nie ausziehen dürfe.
- Ein Blazer saß hervorragend, allerdings war er an den Nähten und am Revers im »Used Look« (O-Ton Verkäuferin) ausgewaschen. Ute dazu: »Man könnte denken, er wäre abgetragen. Und du kannst ja schlecht am

Anfang von Tisch zu Tisch gehen und vorauseilend erklären, dass das so aussehen *soll*!«

Utes Mantra: Keine Experimente und für alle Eventualitäten gewappnet sein! Obwohl das Treffen im August stattfindet, könne es plötzlich zu einem Kälteeinbruch kommen. Auch Hagelschauer müssten mit einkalkuliert werden. Im Restaurant könnte es zugig oder stickig sein. Und: Die Gruppe könnte auf die Idee kommen, sich nach draußen (Sonnenbrille mitnehmen!) oder gar auf den Boden zu setzen.

»Auf den Boden?« Bis hierher konnte ich Ute ja folgen, doch nun drehte sie durch.

»Ich hab's auch nicht für möglich gehalten, aber bei Hildegard kam irgendjemand auf die irrwitzige Idee, die Vorstellungsrunde im Sitzen zu machen. Auf dem Boden! Sollte wohl an früher erinnern. Da saßen doch tatsächlich zwanzig Mittsechziger mit Ach und Krach im Schneidersitz auf dem Boden. Das hältst du im Kopf nicht aus. Hildegard hatte keine ruhige Minute, sie dachte, jeden Moment reißt die Hose.«

Nachdem Ute und ich jedes Kleidungsstück aus meinem Schrank auf alle Kriterien und Eventualitäten hin überprüft hatten, blieb eine Zur-Not-Bluse übrig: schmal, aber nicht zu schmal geschnitten, unkomplizierte Viskosemischung, großes Blumenmuster, das mit gutem Willen nicht altbacken, sondern modisch aussah. Doch richtig glücklich war ich nicht. Und auch Ute betonte mehrfach, dass es wirklich nur eine Zur-Not-Bluse war. Musste also wohl noch eine Tour in die Stadt machen.

Als Ute weg war (sie ließ mir ihre ganzen Unterlagen da), skypte (!) ich Julia an, weil ich ihr die Bluse zeigen wollte. Skypen klappt übrigens ganz gut inzwischen. Ich drücke auf die Wärmflasche und drehe das Tablett immer so, dass die Zimmerdecke gefilmt wird. Kann mich zwar nicht mehr damit rausreden, dass ich nicht wüsste, wie man das Ding halten soll, doch Julia akzeptiert inzwischen meistens, dass sie von mir nichts zu sehen bekommt. Heute aber kam ich nicht drumherum und musste mich zeigen.

»Es geht nur um die Bluse«, sagte ich eindringlich.

»Geht die fürs Klassentreffen?«

»Mama, du bist doch kein Teenie mehr«, lachte sie, als ich ihr vom offiziell diagnostizierten Outfitdrama berichtete. Gut, Ute hat ein wenig übertrieben, aber warum Ü-Sechzigjährige kein Anrecht mehr auf ein klitzekleines bisschen Eitelkeit haben sollen, ist mir ebenso ein Rätsel.

»Was sagt denn Papa dazu, dass du angeblich nichts zum Anziehen hast?«

»Keine Ahnung, der saß den ganzen Tag im Arbeitszimmer vor seinem Computer.«

In dem Moment kam Günther ins Wohnzimmer. Er hatte noch den Halbsatz »Was sagt denn Papa dazu« mitbekommen.

Er stellte sich hinter mich und winkte Julia auf dem Bildschirm zu.

»Was sagt Papa wozu?«, fragte er, während er auf einer Lakritzstange kaute.

»Dass Mama nichts zum Anziehen hat.«

Günther schaute erst Julia und dann mich an.

Er zuckte mit den Schultern und sagte: »Sie kann sich doch online was bestellen.«

Dann verabschiedete er sich wieder ins Arbeitszimmer.

»Hast du gehört? Ich soll mir *online* was bestellen!«, flüsterte ich, als er außer Hörweite war. »Ich erkenn ihn nicht mehr wieder!«

Julia lachte. »Doch, das ist er. Ich habe ihn erkannt.«

Verstört den Abend mit *Let's Dance* verbracht. Oder ob so ein Glitzerfummel was fürs Klassentreffen wäre?

Mittwoch, 5. Juli

Schwitzen. Ich schwitzen. Schwitzen ich. Ich. Schwitze.

Entschuldigung, aber ich kann keinen geraden Satz mehr formulieren. Seit Montag ist der Hochsommer da. Genauer gesagt: Hoch Finchen. Heute zeigt das Thermometer 34 Grad, in den nächsten Tagen soll es noch heißer werden! Während ich wahlweise stumm unter dem Apfelbaum im Garten oder stumm auf dem Sofa im abgedunkelten Wohnzimmer liege, ist Günther nahezu der Alte. Er wischt sich zwar ab und an den Schweiß von der Stirn, aber mehr denn je wischt er auf dem Tablett rum. Muahahahaha. Wenn es nicht so schräg wäre, könnte man ja fast darüber lachen. Ich meine, in der letzten Hitzewelle vor zwei Jahren lagen wir doch noch gemeinsam rum! Was ist mit diesem Mann passiert?!

Gestern saß er den ganzen Tag auf der Terrasse und hat alles zum Hoch Finchen gegoogelt. Dann kam er schnellen (!) Schrittes zum Apfelbaum gelaufen (unter dem ich stumm lag) und hielt mir einen Vortrag über die aktuelle Wetterlage: »Es hat seinen Ursprung im Azorenhoch über der Iberischen Halbinsel vor zwei Wochen. Die Schichtung war wohl zu labil, deswegen hat sich die Hochdrucklage des Mittelmeerraumes mit jener Vorderasiens und Mittelsibiriens verbunden, sodass das Osteuropahoch Finchen auch unsere Breitengrade erreicht hat. Wir haben hier eine klassische Omegacharakteristik zwischen dem Atlantik und Sibirien. Doll, wie alles zusammenhängt, oder?«

»Und wann wird es kühler, Wetterfrosch?«, fragte ich ermattet.

»Die nächsten acht Tage wird das nichts.«

Mit den Worten »Lass den Kopf nicht hängen« ist er gerade wieder zum Club gegangen. Günther II habe kein Hitzefrei ausgerufen, wie Günther kichernd erzählte. Und Ausfallenlassen käme nicht infrage. »Es muss ja weitergehen.« Außerdem stand heute wohl sogar die Jahreshauptversammlung an.

Drei Stunden später

Günther ist zurück. Keine äußeren Anzeichen von Schweiß. Er ist mir zunehmend ein Rätsel. Während er sich ein Brot schmiert, berichtet er gut gelaunt vom Club. Günther wurde auf Anhieb zum Kassenwart gewählt. »Stell dir vor, im Computerclub machen sie die ganze Buchführung auf Papier. Als wäre die Zeit stehen geblieben!« Günther schüttelte ungläubig den Kopf. »Kinder, was haben wir gelacht, als uns dieser Irrsinn bewusst wurde. Werde den ganzen Laden auf Vordermann bringen. Ach ja, Kurt war auch mit. Er ist jetzt unser Schriftführer.«

Donnerstag, 6. Juli

35 Grad! Bin trotzdem tapfer mit dem Fahrrad in die Stadt gefahren, weil ich endlich nach einem Klassentreffen-Outfit stöbern wollte. Die Geschäfte sind klimatisiert, das schaffe ich. Dachte ich. Von wegen: Als ich dort ankam, war ich so durchgeschwitzt, dass ich mein T-Shirt auswringen konnte. Erstbestes T-Shirt gekauft. Gleich anbehalten. Zurück nach Hause geschleppt. Keine anderen Klamotten gesehen. Keine Kraft.

Freitag, 7. Juli

Zweiter Versuch, in der Stadt nach einem Outfit fürs Klassentreffen zu suchen. Ute hatte angeboten, mich mit ihrem neuen Auto abzuholen, das eine Klimaanlage habe, »bei der du denkst, du wärst in Sibirien«. Ihre Worte klangen wie Musik in meinen Ohren. Sah schon die *BILD*-Schlagzeile vor mir: »Rosa S. überlebt zweiwöchige Hitzewelle in Auto bei laufendem Motor.«

Als Ute allerdings wie verabredet um 14 Uhr hupend vor der Tür stand, sah ich schon durch unser Wohnzimmerfenster, wie sie sich mit irgendetwas Luft zuwedelte. Ich packte meine Tasche zusammen, ging raus und bekam einen Hitzeschock, schaffte mit Ach und Krach die paar Meter zu ihrem Auto – und bekam wieder einen Hitzeschock. Jetzt wurde mir auch klar, warum sie sich Luft zufächeln musste: Im Auto waren es gefühlt fünfzig Grad.

»Steig schnell ein, die Klimaanlage braucht nur ein bisschen, gleich wird es kalt!«, rief sie.

Ich ließ panisch die Fensterscheibe runter, woraufhin Ute schrie: »Nein! So springt die Klimaanlage doch nicht an.«

Bis zur nächsten Kreuzung hatten wir uns richtig in der Wolle. Ute bestand darauf, alle Fenster geschlossen zu halten. Ich bestand auf Sauerstoff.

Ich meine, was bringt es denn, wenn wir ersticken, aber irgendwann diese verdammte Klimaanlage anspringt? Sah schon wieder eine *BILD*-Schlagzeile: »Zwei Rentner tot. Sie opferten sich für die Klimaanlage.«

Unser wahr gewordener Höllentrip hatte schließlich doch noch ein Happy End, zumindest zwischenzeitlich: Als wir am Parkplatz in der Stadt ankamen, lief die Klimaanlage auf Hochtouren, und wir wollten nicht aussteigen. Ute hatte nicht zu viel versprochen. Es war so herrlich kühl im Auto geworden, dass wir die Anlage sogar ein wenig runterdrehen mussten.

»Ein Hoch auf Sibirien«, sagte Ute und klopfte auf den Lüftungsschacht neben dem Lenkrad. »Hast du jetzt Lust, da rauszugehen?« Es war so heiß, dass die Luft über dem Boden richtig flimmerte.

»Mich kriegen hier keine zehn Kaschmirpullöverchen raus«, sagte ich und lachte. Für einen Moment hatten wir die Idee, dass wir ja durch die Stadt fahren und gegen einen kleinen Obolus andere Rentner einsammeln könnten. »Für fünf Euro kutschieren wir die kühl durch die Gegend. Drei kriegen wir auf der Rückbank unter«, kicherte Ute. »Rosa, wir werden reich!«

Die Vernunft (»Jetzt sind wir extra hierhergefahren.«) trieb uns schließlich doch raus in die Hitze. Die ersten Meter waren wir noch gut gekühlt, doch Sibirien hatte keine Chance gegen die Sahara. Als wir zehn Minuten später am Marktplatz ankamen, waren wir komplett durchgeschwitzt.

Machen wir es kurz: Wir haben kein Geschäft von innen gesehen. Wir steuerten das nächste Eiscafé an und setzten uns in die dunkelste Ecke, die wir entdecken konnten. Und obwohl wir da nur saßen und auf unsere Erdbeerbecher warteten, lief uns der Schweiß nur so herunter.

»Ist es nicht so, dass vor allem sportliche und trainierte Menschen so stark schwitzen?«, sagte Ute irgendwann mit leerem Blick.

»Meinst du?«

»Ich glaub, ich hab das mal bei *Galileo* gesehen … Oder in einer Sendung mit diesem kleinen Lustigen.«

»Welchem?«

»Na, dieser Kleine … Heißt der nicht was mit H?«

»Kenn ich nicht.«

»Doch! Den kennst du!«

»Singt der?«

»Nee, glaub ich nicht.«

»Wo spielt der denn mit?«

»Der spielt nichts … Der hat diese Sendung.«

»Welche denn?«

»Mehrere … Den kennst du … Dieser kleine Lustige.«

»Dieser Olli Dittrich?«

»Nee … Dieser Kleine … Mit H.«

Danach nur noch schwitzend und schweigend vor uns hingeschaut, bis der Kellner die Erdbeerbecher brachte.

»Sagen Sie, junger Mann«, sagte Ute. »Schwitzen sportliche Menschen mehr oder eher unsportliche?«

Der italienische Kellner antwortete mit einem eloquenten »Hä?« und ging wieder von dannen, nachdem Ute abgewunken hatte: »Ist nicht wichtig, wir schwitzen lediglich.«

Die nächste Stunde stumm mit Eisessen verbracht. Währenddessen Sandalen ausgezogen und unsere Käsefüße auf den Fliesen des Eiscafés gekühlt. Ute meinte, dass es richtig gezischt hätte, als die nackten Füße den Boden berührten. »Wie wenn man Fleisch auf diese Steinplatte beim Raclette legt.«

Als ich nach Hause kam, stand Günther gut gelaunt am Herd und füllte gerade das Bier von der Volkshochschule aus seinem Sechs-Liter-Kanister in einen Kochtopf um.

»Man muss es erst 45 Minuten auf 63 Grad bringen und danach eine halbe Stunde bei exakt 72 Grad ziehen lassen. Das ist richtige Maßarbeit, sag ich dir. Da braucht man ein ganz exaktes Thermometer.«

Wie konnte Günther denn so genau die Temperatur messen?, schoss es mir in den Kopf.

Der hatte doch wohl nicht unser Fieberthermometer genommen?!

Günther lachte, er hatte anscheinend meine Gedanken erraten. »Keine Sorge. Ich habe gerade ein Thermometer aus dem Baumarkt geholt.«

»Wie bist du denn dahin gekommen?«

»Hab schnell das Fahrrad genommen. Das bringt immerhin etwas.« Er zeigte lachend auf sein Fitnessarmband am Handgelenk.

Wo bitte nimmt er die Energie her? Ich möchte bitte auch das nehmen, was Günther nimmt.

Die ganze Situation passt übrigens gut zu Utes Theorie: Wenn ein Ehepartner schwächelt, dreht der andere erst so richtig auf. »Du musst dir das wie eine Wippe vorstellen«, sagt Ute immer. »Es ist ganz selten, dass beide Partner zeitgleich gut drauf sind. Wahrscheinlich hat es die Natur so eingerichtet, dass man unbewusst den Zustand des anderen kompensiert.« Sie selbst sei noch nie so vital und ausgeglichen gewesen wie zu der Zeit, als ihr Mann Wolfgang im Krankenhaus die Hüft-OP hatte. »Ich weiß, es klingt herzlos«, gestand sie. »Aber Grundgütiger, genauso war es.«

Wenn Ute recht hat, befeuert mein Dahinvegetieren Günthers Aktionismus also auch noch!

Habe nach dieser Erkenntnis versucht, gut gelaunt den Garten auf und ab zu gehen. Nach fünf Schritten abgebrochen. Zu heiß. Gebe mich geschlagen.

Sonntag, 9. Juli

Wir waren Thema in den *Tagesthemen*. Na ja, nicht ganz, aber am Ende kam ein Beitrag über die Hitzewelle, und dass vor allem alte Leute aufpassen und ganz viel trinken müssen und sich nicht überanstrengen dürfen. Es hat wohl sogar schon drei Tote in einem Altenheim in Bayern gegeben. Günther und ich haben uns nichts dabei gedacht, aber sofort nach dem Ende der Sendung klingelte das Telefon, und Julia rief panisch an.

»Mama, ihr müsst ganz viel trinken.«

»Hast du auch die *Tagesthemen* gesehen?«

»Ja, genau.«

»Da war von alten Leuten die Rede.«

»Ja, genau!«

Haben uns schließlich darauf geeinigt, dass alle Menschen in diesen Tagen viel trinken müssen.

Montag, 10. Juli

Kann nicht klar denken. Schon wieder 37 Grad! Fünfter Tag in Folge! Ich liege und schwitze. Und schwitze und liege. Langsam bekomme ich auch Halluzinationen. Habe doch tatsächlich geträumt, dass Günther bei YouTube einen Videokanal über unseren Garten einrichten möchte. Ich sag ja: Bei diesen Temperaturen kommen die schrägsten Gedanken auf!

Wo ist Günther eigentlich? Wollte ihn fragen, ob er mir nicht an der Tankstelle eine Packung Eis holen könnte. Immer wenn man den Mann einmal braucht, ist er nicht da.

10 Minuten später

Habe Günther gefunden. Er hat sich mit Videokamera und Stativ vor dem Blumenbeet hinter dem Gartenhäuschen aufgebaut und spricht mit ernster Miene in die Kamera:

»Hallo, hier spricht Günther Schmidt. Ich stehe vor unserem Blumenbeet. Heute stelle ich Ihnen das Steinkraut sowie die Goldrute vor.«

Montag, 17. Juli

Günther dreht endgültig durch. Er hat es sich zur Lebensaufgabe gemacht, unser Leben in Bild und Ton festzuhalten.

In den letzten fünf Tagen hat er folgende Ereignisse für die Nachwelt aufgenommen:
- Günther baut Küchenmaschine auseinander und setzt sie wieder zusammen.
- Ich liege schwitzend unter dem Apfelbaum (abruptes Ende, als ich Kamera entdecke und schreie).
- Spielmannszug in Fußgängerzone,
- Igel im Garten (dreißig Minuten Nahaufnahme),
- Frosch im Teich von Brigitte und Jürgen,

– Wir machen Marmelade selbst. (Günther konnte natürlich nicht aus seiner Haut und hat prompt ausgerechnet, dass uns mit Material- und Arbeitskosten – selbst wenn wir nur den Mindestlohn bekommen würden – ein Glas dreizehn Euro fünfzig gekostet hat.)

Ganz im Ernst: Wer um Himmels willen soll sich das jemals angucken??? Und vor allem: Warum??? Ich habe ja noch nie verstanden, warum Rentner immer alles in Echtzeit dokumentieren müssen. Die Wahrscheinlichkeit, dass die Nachwelt irgendwann sagt: »Komm, lass uns doch Omas und Opas Bootsfahrt im Spreewald noch mal angucken«, tendiert wohl zuverlässig gegen null. Und erst recht: »Komm, lass uns doch mal angucken, wie Opa die Küchenmaschine auseinandergebaut hat.« Ohne Worte.

Noch schlimmer ist, dass Günther ein paar Videos sogar bei YouTube reingestellt hat. Solche, die – ich zitiere – »von allgemeinem Interesse« sind. Wobei das allgemeine Interesse überschaubar ist. Das Video von unserem Blumenbeet zum Beispiel hat bis heute 21 Klicks gehabt. Zehnmal hat Günther selbst es angeklickt, zweimal Julia (»Das glaub ich nicht, Papa ist bei YouTube?«) und fünfmal Leute aus dem Club. Bleiben noch vier Klicks. Vier Fremde! Günther war richtig gerührt, dass vier fremde Menschen nun unser Steinkraut kennen.

Man könnte ja meinen, dass »die Clique« ihn wieder auf den Boden der Tatsachen holt. Aber nichts da, Pustekuchen! Die reden ihm auch noch gut zu, was diesen ganzen Videokram angeht. Gisela zum Beispiel habe die ersten drei Jahre ihrer Enkeltochter immer wieder gefilmt und dann auf sieben Stunden zusammengekürzt.

»Sieben Stunden«, sagte ich fassungslos.

»Wahnsinn, oder? Ein richtiges Kunstwerk.«

»Hat sich das denn schon mal jemand angesehen?«

»Bestimmt! Gisela hat auch angeboten, dass sie den Film noch mal im Club zeigen könnte. Sie hat wohl auch richtig Spezialeffekte eingebaut. Da kann man ja die dollsten Sachen machen.«

Bitte, lass diesen Kelch an mir vorbeigehen. Ich möchte mir bitte nicht sieben Stunden das Enkelkind von Gisela angucken.

Günther hat mich übrigens schon vorgewarnt, dass alle im Club mit Magix »arbeiten«. 399 Euro kostet das Schnittprogramm. »Ich glaube, wir werden um diese Investition nicht herumkommen. Gisela meint auch, dass das ein Must-have ist.«

(Adapter-Gisela, die mit dem Rollator, sprach also von Must-haves. Äh ja ...)

Kleiner Trost: Es hat endlich, endlich abgekühlt, und ich konnte letzte Woche zweimal mit einer normalen Körpertemperatur ein wenig durch die Geschäfte bummeln. Heute wieder los gewesen. Das ist aber auch schon das einzig Positive, das es zu berichten gibt. Denn denken Sie, ich habe etwas gefunden? Nichts! Nada! Niente! Allein bei Leuenmacher, dem größten Geschäft hier (vier Etagen!), war ich geschlagene drei (!) Stunden. Wie ein unruhiger Tiger im Käfig bin ich zwischen den Abteilungen hin- und hergetapert. (Die kennen mich da schon mit Namen!) Aber irgendwie sprach mich rein gar nichts an, oder es passte nicht. Ich sah aus – man glaubt's nicht, wenn man's nicht gesehen hat.

Die tollsten Sachen entdecke ich ohnehin grundsätzlich im Einkaufskorb von anderen Kunden. Immer wenn ich Frauen an der Kasse sehe, denke ich: »Genau das, was die da in der Hand hat, das ist es!« Danach verbringe ich immer ewig damit, den ganzen Laden nach diesem einen Teil abzusuchen. Wenn ich es dann gefunden habe und anprobiere, nun … lassen wir es.

Heute also auch wieder unverrichteter Dinge nach Hause gefahren und die Zur-Not-Bluse noch einmal angezogen. Den ganzen Abend in ihr verbracht, weil Ute der Meinung ist, dass man Kleidungsstücke vor einem wichtigen Event immer lange probetragen und beobachten muss, ob man sich auch wohlfühlt.

Irgendwann sagte Günther unvermittelt: »Je länger man auf dein Blumenmuster guckt, desto rammdösiger wird man im Kopf.«

Dienstag, 18. Juli

Wieder in der Stadt gewesen. Wieder durch Leuenmacher getigert, vielleicht habe ich bisher was übersehen. Plötzlich schoss eine Verkäuferin um die Ecke und rief, als sie mich sah: »Jetzt habe ich aber ein Déjà-vu. Frau Schmidt, Sie waren doch erst gestern hier. Und neulich auch zweimal hintereinander, oder waren es dreimal?«

Sie sprach so laut, dass sich zwei andere Kundinnen zu mir umdrehten. Hätte am liebsten laut gerufen: »Alle mal herhören! Klingelingeling. Ja, erwischt. Ich bin die Frau, die hier ständig rumlungert und nichts findet.«

Natürlich sagte ich das nicht, sondern gab ein mehr oder weniger selbstbewusstes »Äh… ja… kann sein« von mir.

Der Spruch der Verkäuferin hatte es auf Anhieb in meine Top 3 der peinlichsten Momente geschafft.

Platz 2: Als Ute und ich einmal essen waren, sprach uns der Kellner permanent nur mit »die jungen Damen« an. »Haben die jungen Damen schon entschieden?« »Haben die jungen Damen noch einen Wunsch?« »Die jungen Damen möchten zahlen, gerne!« Es war sicherlich nett gemeint, doch wirkliche junge Damen würde man ja nie als junge Damen bezeichnen. Dass er uns also immer wieder so bezeichnete, hieß doch, dass wir von jungen Damen so weit entfernt waren wie… Ich meine, das wissen wir ja! Aber man braucht es uns doch nicht auch noch so direkt aufs Brot schmieren!

Platz 1: Neulich wartete ich vor einer Umkleidekabine, als Günther gerade einen Pullover anprobierte. Als der Verkäufer an mir vorbeilief, sagte er: »Lachen! Erst morgen regnet es wieder!« Wie griesgrämig musste ich denn bitte aussehen? Ich dachte, ich hätte ganz neutral geguckt. Seit dieser Begegnung versuche ich übrigens, immer mal für mich allein die Mundwinkel hochzuziehen. Wenn Sie mich also mal irgendwo sehen sollten, wie ich dasitze und grundlos vor mich hin grinse: Das mache ich nur aus Prophylaxe.

Wo war ich stehen geblieben? Ach ja, immer noch outfitlos. Auf den Schreck erst einmal zwei Stücke Schoko-Kirsch-Kuchen bei Bäcker Gottschalk verputzt. Daraufhin ein schlechtes Gewissen bekommen und hektisch eine Runde mit dem Fitnessarmband um den Block gedreht, als ich wieder zu Hause war. Günther den ganzen Tag nicht wirklich zu Gesicht bekommen. Erst war er im Club, danach bei Elektro-Meyer, um sich »nur mal unverbindlich neue Stative für die Videokamera anzusehen«.

Abends
Irene hat angerufen. »Günther hat seine Lkw-Spedition für einen symbolischen Euro an Kurt verkauft. Ist das jetzt gut oder schlecht?«

Mittwoch, 19. Juli

Total gerädert. Habe den ganzen Tag an allen Fronten Feuerlöscher gespielt. Morgens trieb mich Günther in den Wahnsinn, weil die Spammails ihn in den Wahnsinn treiben. Jeden Tag kommen mehr an. Neulich hat er es ja noch gelassen hingenommen, aber inzwischen zermürbt es ihn. Allein gestern forderte uns »LuisaSexygirl666« geschlagene zehn (!) Mal auf, auf ein Bild zu klicken, das sie mit einer Banane im Mund zeigte. Darunter stand der scheinheilige Satz: »Wenn Sie diese E-Mail nicht mehr bekommen möchten, klicken Sie hier.«

Günther war mit den Nerven fix und alle. »Ich glaube, wir müssen da jetzt klicken! Nur einmal! Sonst hören die nie auf.«

»Bist du wahnsinnig?«, rief ich geistesgegenwärtig. »Günther hat gesagt, wir dürfen auf keinen Fall irgendetwas anklicken.« (Dass *ich* uns einmal vor diesen Internetbetrügern retten würde!)

Günther schlug die Hände zusammen. »Du hast so recht. Ich war kopflos für einen Moment. Danke!«

Mittags rief Tante Lotti an und klang überhaupt nicht gut. Nach und nach rückte sie mit der Sprache raus. Sie hatte sich mit Wilhelm Reinke gestritten, und auf meine Frage, ob sie sich richtig schlimm gestritten hätten, sagte sie nur leise mit zittriger Stimme: »Manchmal ist es besser, die Reißleine zu ziehen, bevor das Herz einen noch größeren Schaden nimmt.« Auch das noch! Da war Tante Lotti gerade erst so richtig glücklich gewesen mit ihrem »Prinzchen«, und nun sollte schon alles vorbei sein, bevor es überhaupt begonnen hatte? Das würde sie nicht verkraften.

Nach dem Mittagessen fuhr ich sofort ins Heim, wo ich Tante Lotti jedoch nicht, wie angenommen, weinend in ihrem Zimmer vorfand, sondern kichernd neben Wilhelm Reinke auf dem Sofa im Wintergarten.

»Okay«, stieß ich aufgebracht hervor. »Irgendetwas muss ich verpasst haben.«

Tante Lotti spürte wohl, dass ich kurz vor dem Herzinfarkt gestanden hatte, und sagte schuldbewusst: »Rosa, wir haben uns gerade erst wieder vertragen. Und es war ein wirklich, wirklich furchtbarer Streit.«

»Na ja…«, insistierte Wilhelm Reinke, woraufhin Tante Lotti ihn in die Seite stieß.

»Doch, es war ein wirklich, wirklich furchtbarer Streit«,

sagte sie treuherzig. Als Schwester Marianne im nächsten Moment reinkam und den Nachmittagskuchen vorbeibrachte, musste ich (!) mir von ihr sagen lassen, dass ich ja ganz fertig aussehen würde.

»Setzen Sie sich doch, Frau Schmidt. Und nehmen Sie sich ein Beispiel an unseren beiden Turteltäubchen. Die zwei sind immer so zufrieden und ausgeglichen, da kann sich unsereins noch eine Scheibe von abschneiden.«

Abends konnte ich dann endlich, endlich entspannen. Habe *Let's Dance* gesehen und beim langsamen Walzer von Gil Ofarim geweint. Für ihn und Angelina Kirsch je dreimal angerufen. Nebenbei eine Flasche Wein aufgemacht und eine ganze Tafel Zotter-Schokolade verputzt. Herrlich! Ich wollte gerade ins Bett gehen, als das Telefon klingelte. Julia!

»Mama«, flüsterte sie. »Ich geh gerade zum Parkplatz, und irgendwie sind hier so komische Typen. Sprich einfach die ganze Zeit mit mir, okay?«

»Um Himmels willen, wo bist du?«

»Ich war doch auf dem Geburtstag von Annette. Jetzt muss ich nur noch zum Auto. Aber irgendwie ... Mann, die sehen echt unheimlich aus.«

Ich war dem Herzinfarkt nahe.

»Nun sag doch was«, presste Julia hervor.

»Was denn?«, schrie ich verzweifelt.

»Na, irgendwas! Sprich einfach mit mir.«

»Sollen wir nicht die Polizei rufen?«

»Nein! ... O Gott, die sind aber echt komisch ... Und die kommen näher ... Mama, sprich mit mir!«

Tausend Tode gestorben.

Habe so lange mit Julia »gesprochen«, bis sie den erlösenden Satz sagte: »Gott sei Dank, jetzt sitz ich im Auto.«

Danach zwar ins Bett gegangen, aber die ganze Nacht schlaflos gewesen. An alle Töchter da draußen: Ein Mutterherz über sechzig hält so etwas nicht mehr aus!

Freitag, 21. Juli

Wir bekommen Werbung. Genauer gesagt: merkwürdige Werbung. Es fing letzten Dienstag nach meinem erfolglosen Shoppingtag an. »Wie lustig«, rief Günther abends, als er gerade mit dem Tablett zugange war. »Guck mal hier! Die meinen wohl dich!« Er drehte mir das Tablett hin und über der Wetterseite, die er gerade geöffnet hatte, stand in einem großen Werbefeld: »Sie haben nichts zum Anziehen? Das können wir ändern!«

Wie gesagt, das fanden wir noch lustig. Was für ein Zufall!

Inzwischen aber häufen sich solche »Zufälle«. Am Wochenende wurde uns die Anzeige eines Pharmaunternehmens angezeigt, das für eine Studie Probanden mit Krampfadern suchte. Günther hat Krampfadern! Und heute das: Auf unserem Tablett prangte groß Werbung für bügelfreie Hemden. Dreimal dürfen Sie raten, worüber Günther und ich uns gestern während des Abendbrots unterhalten haben: bügelfreie Hemden!!! Selbst Günther, der ja nun wirklich beim Thema Technik nicht aus der Ruhe zu bringen ist, starrte ungläubig auf die Hemdenwerbung. Er klappte in einem Affentempo den Schutzdeckel des Tabletts runter und sagte nur noch: »O mein Gott.«

Haben die uns abgehört? Die wissen ja alles über uns!

Montag, 24. Juli

Wir sind inzwischen total paranoid. Heute Morgen hat Günther Kontoauszüge von der Bank abgeholt, und eigentlich wollten wir besprechen, wie viel wir auf das Sparkonto überweisen wollen.

»Ich würde vorschlagen, wir legen für das Rezept fünf Liter zur Seite«, sagte Günther und betonte die einzelnen Wörter ganz komisch.

»Welches Rezept? Liter? Wovon redest du da?« Manchmal habe ich ja Angst, dass einer von uns dement wird. War es jetzt bei Günther so weit?

Er wedelte mit den Kontoauszügen, legte seinen Zeigefinger an die Lippen und guckte mich eindringlich an. »Fünf Liter! Zur Seite legen!«

Irgendwie sah er aus wie ein Schauspieler aus einem Stasi-Film, der aus Angst vor Wanzen in Codewörtern spricht.

Plötzlich fiel der Groschen. Günther meinte 500 Euro, für unser Sparkonto.

»Ja«, rief ich überschwänglich. »Fünf Liter! Bleibt denn dann genug übrig? Für … äh … das andere Rezept?«

Da saßen wir nun, in unserem eigenen Haus, und sprachen nur noch verklausuliert miteinander.

Abends hat Günther dann wieder in seinem Bier gerührt. Gut, das ist jetzt arg verkürzt. Denn genau genommen hat er die »Oxidflocken« abgenommen, wie er mir fachmännisch erklärte. Sein Lebensmotto »Wenn ich etwas mache, dann mache ich es richtig« zieht er anscheinend auch beim Bier durch. Könnte mich ja eigentlich freuen, dass es ihn nun doch noch etwas gepackt hat (nicht nur der Computerclub), doch eine Kleinigkeit hat die Freude ein wenig eingetrübt: Wenn es nach ihm geht, soll die Welt nämlich erfahren, wie er, Günther Schmidt, die Oxidflocken abnimmt. Kurz: Er hat unsere Küche in ein Filmstudio verwandelt. Neben der Spüle hat er die Stehlampe aus dem Wohnzimmer aufgebaut, neben dem Herd die Schreibtischleuchte aus dem Arbeitszimmer. Von beiden Seiten wurde die Arbeitsfläche angestrahlt, auf der er sein ganzes Equipment ausgebreitet hatte. Und der Küchentisch musste der Videokamera weichen. Fühlte mich wie in Loriots Sketch *Der Lottogewinner*, in dem ein Filmteam ein heilloses Chaos aus Kabeln und Steckern anrichtet und der Zuschauer das ein klein wenig übertrieben findet. Lassen Sie es sich gesagt sein: Das ist nicht übertrieben! Genauso sah unsere Küche heute Abend aus!

»Und du glaubst, dass es eine gute Idee ist, noch mehr von unserem persönlichen Umfeld preiszugeben?«, fragte ich besorgt, während Günther letzte Einstellungen an der Kamera vornahm. »Ich meine, wir waren uns doch beide einig, dass hier ... na ja ... merkwürdige Dinge passieren. Aber klar, wir können denen ja auch alles gleich auf dem Silbertablett präsentieren!«

»Ich habe alles im Griff. Guck mal, die Postkarten vom Kühlschrank habe ich schon abgehängt. Niemand kann aufgrund des Videos erkennen, wo wir sind. Ich habe genau darauf geachtet, dass nichts, aber auch gar nichts Persönliches im Bild ist.«

»Bis auf dich natürlich«, sagte ich trocken.

Günther zwinkerte mir zu und flüsterte: »Ich habe mir außerdem was ausgedacht. Wirst schon sehen, äh, hören!«

Er stellte sich vor die Kamera und sprach direkt in die Linse: »Hallo, liebe Leute. Ein herzliches Willkommen wieder aus Göttingen!«

Günther drehte sich kurz aus dem Bild und zwinkerte mir verschwörerisch zu. »Göt-tin-gen«, formte er stumm mit den Lippen und grinste.

Wir wohnen nicht in Göttingen.

So sieht wohl eine Finte im 21. Jahrhundert aus.

Dienstag, 25. Juli

Kurt war den ganzen Tag bei uns. Günther hat ihm noch ein paar Tricks für die Lkw-Spedition gezeigt. »So eine Betriebsübergabe muss ja auch anständig geplant werden«, sagte Günther. Meine, dass ich aus den Augenwinkeln sah, wie er schmunzeln musste, als er das sagte. Er kann es aber auch total ernst gemeint haben. Alles ist möglich. Hörte zwischendurch nur, wie Kurt ohne einen Anflug von Ironie zu Günther sagte: »Diese Lizenzen für die Auslandstransporte hatte ich noch gar nicht auf dem Schirm. Kinder, wie viel Umsatz wäre mir nur ohne deine Hilfe durch die Lappen gegangen!«

Mittwoch, 26. Juli

Dritte schlaflose Nacht in Folge verbracht. Fühle mich so gerädert, dass ich mir sicher bin, dass ein paar meiner Synapsen im Hirn einen sicheren Tod gestorben sind. Man denkt ja den ganzen Tag so vor sich hin, doch wenn man selbst merkt, dass man keine ganzen Sätze mehr denkt, ist das kein gutes Zeichen, oder? Heute Morgen hätte ich mich fast selbst einweisen lassen: Wollte Ute anrufen und habe anstatt des Telefons die Fernbedienung genommen. Ich habe da wirklich Utes gesamte Telefonnummer reingetippt und dann ernsthaft mehrere Sekunden den Hörer-abnehmen-Knopf gesucht.

Ich war noch nie gut im Schlafen. In dem Moment, in dem ich mich hinlege, fängt es bei mir im Kopf an zu rattern. Ohne Punkt und Komma denke ich an jedes Thema, das sich nicht schnell genug vor mir in Sicherheit bringt. Es ist, als hätte ich einen Auftrag von ganz oben: »Rosa Schmidt, durchdenken Sie bitte zwischen 23 und sechs Uhr sämtliche Probleme dieser Welt.« Das Gedankenstakkato heute: Wie wird wohl das Klassentreffen? Günther! Julia geht abends allein zum Auto! Die hören uns ab! Günther! Hoffentlich klappt alles mit Tante Lottis Hochzeit! Ob

Julia wieder mit Richard zusammenkommt? Was wohl der schöne Dr. Friedrichsen gerade macht?

Günther ist das komplette Gegenteil von mir. Sobald er liegt, schläft er. Ohne Witz, er legt sich hin, und zwei Sekunden später schnarcht er. Denkt der nichts??? Er ist wie ein Japaner, er kann überall wegnicken: im Wartezimmer, vorm Fernseher, im Garten. Neulich waren Ute und Wolfgang zum Phase-10-Spielen bei uns. Günther war irgendwann ausgeschieden und hatte den Job, die Karten zu mischen und auszuteilen. Als wir mit einer Runde gerade fertig waren und darauf warteten, dass Günther austeilte, traute ich meinen Augen nicht. Da saß er mit den gemischten Karten in den Händen, den Kopf ganz normal auf den Tisch gerichtet – und schlief! Im Sitzen! Während des Spiels! »Günther«, rief ich und stieß ihn an, woraufhin er total orientierungslos zusammenzuckte. »Wo bin ich? Habe ich geschlafen?«

Kurz: Der Plan, mich in aller Seelenruhe auf das Klassentreffen vorzubereiten, geht mal schön nach hinten los. Ich mach drei Kreuze, wenn wir am Wochenende unser kleines Grillfest veranstalten. Endlich mal ein bisschen Ablenkung. Wissen Sie, bei welchem Gedanken ich mich gestern ertappt habe, als ich an das Fest gedacht habe? »Dann schieß ich mich so richtig ab.« Hilfeee. So was denk ich doch sonst nicht!

Donnerstag, 27. Juli

Günther leidet langsam aber sicher unter Verfolgungswahn. Erst diese merkwürdige Werbung auf dem Tablett und jetzt das: Haben heute noch letzte Kleinigkeiten für die Feier bei IKEA gekauft. Als wir gerade mit dem Auto auf dem Rückweg waren (mal wieder mehr gekauft als geplant!), schossen plötzlich alle vier Verriegelungsknöpfe nach unten. Von allein! Himmel, haben wir einen Schreck bekommen! Günther und ich drückten die Knöpfe vorn wieder nach oben, doch zehn Sekunden später passierte es wieder. Beide schossen nach unten! Während ich sofort an die Reparaturkosten dachte (Die gesamte Elektronik musste sicher erneuert werden! Was das kostet!), machte Günther einen abgeklärten bis resignierten Eindruck. »Hacker«, sagte er und starrte stoisch weiter auf die Fahrbahn.

»Wie bitte?«, fragte ich.

»Das ist sicher ein Hackerangriff. Die können sich in die Bordelektronik einhacken und uns ausspionieren. Wahrscheinlich können sie uns gerade auch abhören. Hab ich schon mehrfach gelesen.«

Stellte mir vor, wie im Kaukasus eine Gruppe von Hackern saß und sagte: »Okay, jetzt nehmen wir uns die Schmidts vor. Wäre doch gelacht, wenn wir nicht herausbekommen, was die gerade planen. Wollen sie morgen Kartoffelpuffer oder doch Spaghetti Bolognese kochen? Leute, das kriegen wir raus!« Musste schmunzeln.

»Rosa, das ist nicht lustig.«

Als wir zu Hause ankamen, überführten wir den Hacker auf frischer Tat. In Günthers Hosentasche steckte – warum auch immer – der Zweitschlüssel. Sobald sich Günther bewegte, wurde das Auto automatisch verriegelt. Den Hackern gerade noch mal von der Schippe gesprungen.

Samstag, 29. Juli

Es geht nichts über einen durchstrukturierten Ingenieur im Ruhestand. Heute ist der Tag unserer kleinen Grillfeier, wir haben 14 Uhr – und alles ist fertig! Die Bierbänke und -tische sind aufgestellt, der »Webi« – so nennt Günther seinen Grill – »scharrt schon mit den Hufen«, die IKEA-Girlanden baumeln am Gartenhäuschen, im Keller stehen die vorbereiteten Salate, unsere selbst gemachte Marmelade steckt in niedlichen Weckgläsern, die Musikanlage ist mit einem Verlängerungskabel an den Hauswirtschaftsraum angeschlossen, Getränke sind kalt gestellt, und auch der Kühlschrank mit dem Grillgut platzt aus allen Nähten. (Günther hat gestern Abend die akkuratesten Fleischspieße gemacht, die man sich vorstellen kann. Jedes Stück ist exakt gleich groß, sie sind fast zu schade, um sie einfach so aufzuessen.)

Wir hatten sogar noch Zeit, Günthers selbst gebrautes Bier zu verschönern. Nachdem er die sechs Liter feinsäuberlich in dreißig kleine Flaschen abgefüllt hat, fragte Günther, wie wir »das Baby nennen sollen«. (Er ist mir auch nach siebenunddreißig Jahren Ehe manchmal ein Rätsel!)

Haben uns auf »Günthers Nr. 1« geeinigt. Auf jeder Flasche klebt nun ein feinsäuberlich beschriebenes Etikett.

Sie sind fast zu schade, um sie einfach so zu auszutrinken.

15 Uhr

»Wer kommt denn alles?«, fragt Günther zum gefühlt hundertsten Mal. Reine Übersprungshandlung, wir haben einfach nichts mehr zu erledigen.

»Ute und Wolfgang, Günther und die anderen aus dem Club, Brigitte und Jürgen, Doris und Heinz, Kurt und Irene und Marlies und Jochen«, zähle ich zum hundertsten Mal auf. »Da haben wir doch eine schöne Truppe zusammen.« Da fällt mir ein: »Du willst doch nicht etwa filmen, oder?«

»Du meinst den Klassiker *Vierzehn Rentner grillen Wurst?*«, lacht Günther. »Sei nicht albern, Rosa. Das will nun wirklich keiner sehen.«

Will das Fass nicht aufmachen, dass das Abnehmen der Oxidflocken nun auch niemand sehen will. Sage aber nichts, bin ja froh, dass er heute Abend die Kamera im Schrank lässt.

16 Uhr

Wir haben vor lauter Langeweile eine Flasche von »Günthers Nr. 1« aufgemacht. Da waren's nur noch 29.

19 Uhr

Endlich, die ersten Gäste kommen! Ute und Wolfgang sind da, pünktlich wie eh und je. Ute hat einen Blumenstrauß mitgebracht, Wolfgang drückt Günther eine Flasche Cognac in die Hand. Höre, wie Günther sich bedankt und sagt: »Das ist ja ein edler Tropfen, den werden wir in Ehren halten.« Setze mich mit Ute in die Hollywoodschaukel und mache uns beiden eine Flasche von »Günthers Nr. 1« auf. »Auf einen schönen Abend!«

19.15 Uhr

Günther II und Adapter-Gisela kommen. Und auch die Nachbarn trudeln nach und nach ein. Günther II sieht Günther am Grill stehen und fragt enttäuscht: »Filmt Günther heute nicht?«

19.45 Uhr

Alle Gäste sind da. Ich schnappe mir einen Teelöffel und klopfe gegen ein Weinglas. »Ich will gar keine lange Ansprache halten. Nur ganz kurz: Günther und ich freuen uns, dass ihr alle da seid! Wir waren in den letzten Wochen eine Bierbrauerei und eine kleine Marmeladenmanufaktur. Das Ergebnis seht ihr auf den Tischen vor euch! In diesem Sinne: Auf einen schönen Abend! Hach, es ist so schön, dass ihr alle da seid! Ich werd noch ganz sentimental.«

Alle stoßen an, und Günther ruft: »Der Webi ist in Höchstform heute – wer will ein Würstchen?«

20.30 Uhr

Was für ein netter Abend. Auf der Terrasse und vor dem Gartenhäuschen sitzen und stehen die Gäste in kleinen Grüppchen zusammen und unterhalten sich. Aus der Musikanlage ertönt stilvolle Hintergrundmusik (Julia hat mir extra eine CD von diesem schönen Jazztrompeter geschickt), und die Teelichter und Girlanden lassen alles so

175

richtig schön lauschig wirken. Wie eine Gartenparty aus einer *Schöner-Wohnen*-Kulisse. Dass wir das hinbekommen haben!

21 Uhr

Stehe gerade mit Brigitte vor dem Büfett, als das Gartentor aufgeht und Lukas, ihr Neffe, mit einem anderen jungen Mann hereinkommt. »Was macht ihr denn hier?«, ruft Brigitte erstaunt.

»Na, wir wurden doch eingeladen«, lacht Lukas und rempelt seinen Freund in die Seite, der zurückrempelt. Beide kriegen einen Lachanfall.

Brigitte sieht erst mich erschrocken an und dann die beiden: »Sag mal, habt ihr etwa getrunken?«

21.15 Uhr

Lukas und sein Freund haben sich zwei Flaschen von »Günthers Nr. 1« genommen und stoßen an. »Und jetzt schön abchillen, Alter!«

Brigitte ist immer noch fassungslos. »Wirklich, Rosa. Ich weiß nicht, was die hier machen. Ich hab seiner Mutter ja noch nicht einmal gesagt, dass wir heute bei euch eingeladen sind. Ich werde mir die gleich mal zur Brust nehmen. So geht das ja nun nicht.«

21.30 Uhr

Das Gartentor geht wieder auf. Eine Gruppe von Jugendlichen kommt rein. Lukas ruft von Weitem: »Geilo, dass ihr da seid! Hier sind wir!«

Adapter-Gisela, die gerade neben mir steht, fragt irritiert: »Habt ihr die eingeladen?«

21.35 Uhr

Günther II kommt zu uns rübergelaufen und fragt irritiert: »Habt ihr die eingeladen?« Günther kommt aufgeregt dazu: »Wo kommen die alle her?«

21.45 Uhr

Höre, wie Adapter-Gisela mehrfach den unheilvollen Satz »Da kommen noch mehr« von sich gibt.

21.50 Uhr

Sehe, wie ein Junge am Dach unseres Gartenhäuschens einen Klimmzug macht und dabei die Girlande herunterreißt.

22 Uhr

Brigitte stellt Lukas zur Rede. Als Tante macht sie sich mehr Sorgen darum, dass er Alkohol trinkt, als dass er und seine Freunde unseren Garten verwüsten. Immerhin bekommen wir erste Infos aus ihm heraus, mehr oder weniger brauchbar. »Waren bei Max vorglüh'n. Aber jetzt geht doch die Party erst richtig looosss.«

22.15 Uhr

Das Gartentor geht wieder auf. Adapter-Gisela sagt tonlos: »Da kommen mehr.«

22.30 Uhr

Ein Junge kommt mit einem Marmeladenglas in der Hand auf mich zu: »Sie sind doch Frau Schmidt, oder? Darf ich das meiner Mutter mitbringen? Ist voll ihr Geschmack.«

Wenigstens fragt er.

Sage – warum auch immer – Ja. Wahrscheinlich ist es Verzweiflung.

Sehe, wie er drei Weckgläser in seinen Rucksack stopft.

23 Uhr

Inzwischen sind etwa dreißig Jugendliche da. Ein paar stehen um das Buffet herum, zwei imitieren mit Günthers Grillzangen am Grill einen Fechtkampf.

23.05 Uhr

Flehe Günther an. »Tu doch was!«

23.10 Uhr

Zwei Mädchen – sehen eigentlich ganz ordentlich aus – sitzen kichernd in der Hollywoodschaukel. Ein Junge reißt eine Rose aus unserem Blumenbeet und überreicht sie auf Knien einem der Mädchen. Das wird rot und versteckt seinen Kopf hinter seiner Freundin. Der Junge läuft breitbeinig mit – o Gott – Hand im Schritt zurück zur johlenden Gruppe.

23.15 Uhr

Adapter-Gisela sagt: »Gut, dass keiner filmt.«

23.20 Uhr

Günther befreit sich aus seiner Schockstarre. Er stellt sich mitten in die Gruppe der Jugendlichen. »Okay, okay, alle mal herhören! Es war… äh… schön, dass ihr hier wart. Aber ich würde euch jetzt bitten, unsere Feier zu verlassen.«

Irgendwie kommt die Botschaft nicht an. Zwei Jungs

grölen: »Günni, nimm noch ein ›Günthers‹.« Jetzt grölen alle. »Stöööößchen!«

23.30 Uhr

Es haben sich zwei Lager gebildet. Die Erwachsenen stehen auf dem Hof und löchern uns mit Fragen. »Was machen die hier?« »Habt ihr die eingeladen?« »Was machen wir denn jetzt?« Und die Jugendlichen haben Grill, Büfett und Garten gekapert. Feindliche Übernahme.

Günther II nimmt mich zur Seite. »Rosa, versuch bitte, einen ruhigen Kopf zu behalten. Kann es nicht doch sein, dass die nicht durch Zufall hier sind? Ich meine, wie habt ihr denn zu der Feier eingeladen?« Ich versuche, mich zu erinnern. »Na ja, ich habe unseren Freunden Bescheid gegeben, und Günther hat über Facebook ...« Komme nicht weiter, denn Günther II sieht mich entgeistert an. »Ich habe einen Verdacht. Rosa, würdest du bitte das Tablet holen?«

23.40 Uhr

Günther II loggt sich bei Facebook ein und sagt nach mehrfachem Klicken: »O Gott.«

23.45 Uhr

Wie sich herausstellt, hat Günther unsere Grillfeier als Veranstaltung erstellt. Leider hat er vergessen, das so einzustellen, dass nur seine Freunde die Veranstaltung sehen können. Theoretisch, erklärt mir Günther II, kann jeder, aber auch jeder, der bei Facebook ist, sehen, dass unsere Grillfeier gerade stattfindet. Heißt: Jeder, aber auch jeder kann sich dazu anmelden.

»Und wie viele haben sich angemeldet?«, frage ich erschöpft.

23.50 Uhr
Günther II drückt meine Hand und sagt: »3200.«

Mitternacht
Günther II erklärt mir, dass nicht alle 3200 Leute kommen werden. Auf Facebook meldet man sich gern mal zu einer Veranstaltung an und geht dann nicht hin. »Du musst das Prinzip verstehen«, sagt er. »Theoretisch kann auch jemand in Simbabwe sehen, dass ihr gerade die Grillfeier veranstaltet. Aus Spaß könnte der dann auch anklicken, dass er teilnimmt.«

0.10 Uhr
»Jemand aus Simbabwe kommt auch noch«, sage ich zu Günther und lasse mich in seine Arme fallen. Höre, wie hinter mir Kurt und Irene flüstern: »Das ist ja alles ein Albtraum.«

0.20 Uhr
Lukas kommt und fragt, ob wir noch mehr Bier im Haus haben.

0.30 Uhr
Günther II startet einen Versuch, die Jugendlichen zum Aufgeben zu bewegen. Keine Chance.

0.45 Uhr
Wir machen die Flasche Cognac von Wolfgang auf.

Adapter-Gisela trinkt auf ex ein großes Glas.

Günther II sagt: »Das glaubt uns keiner.«

Ich muss weinen.

Brigitte sagt: »Ich darf Lukas' Mutter nicht erzählen, dass er was getrunken hat.«

1 Uhr

Lukas und sein Freund kommen durch das Gartentor. Hatten gar nicht bemerkt, dass sie zwischenzeitlich gegangen waren. Schleppen zwei Bierkästen und schreien: »Let's get ready to rumble!«

1.15 Uhr

Ute ruft die Polizei an.

Montag, 31. Juli

Die Polizei war gerade noch mal da. Eventuell müssen wir den Einsatz von gestern Abend bezahlen. Und eine Redakteurin der Lokalzeitung hat angerufen. Sie möchte gern ein Interview mit mir und Günther führen. »Ist doch eine klasse Geschichte, Frau Schmidt. Eine Facebook-Party, die aus dem Ruder gerät, und das von Senioren. Ich meine, die besten Geschichten schreibt die Wirklichkeit. Das würden wir gerne groß bringen.«

Ogottogottogottogottogott.

August

Ommmmmmm

Freitag, 4. August

Sind immer noch fix und fertig. Was hat uns dieses Internet nur eingebrockt? Ist doch wahr! Das letzte Mal, dass bei uns eine Grillfeier danebenging, war vor vier oder fünf Jahren. Wir hatten zu wenig Stangenbrot gekauft. Punkt. Das war alles. Schlicht und ergreifend zu wenig Stangenbrot. Könnte weinen, wenn ich daran denke, was für wunderbare Probleme wir vor diesem Internet hatten. Aber nein, der Herr wollte ja unbedingt... stopp, Rosa, heute ist nicht der Tag für Vorwürfe. Günther sieht wirklich mitgenommen aus. Er hat heute Morgen nicht geduscht und sitzt seit einer Stunde mit ungewaschenen Haaren nahezu apathisch am Küchentisch. Ich laufe orientierungslos hin und her. Das dauert, bis wir uns von diesem Schock erholt haben.

Abends
Ich glaube, wir haben unseren Kopf noch einmal aus der Schlinge gezogen.

Eigenhändig! Bin richtig stolz auf uns. Haben beim Abendbrot beschlossen, einen technikfreien Monat einzulegen. Ab morgen heißt es für vier Wochen: kein Internet, kein Computer, kein Computerclub. Nichts! Nur fernsehen und Zeitunglesen ist erlaubt. Fühle mich wie diese Familien aus TV-Experimenten, die für vier Wochen in einer anderen Zeit leben. Es gab da doch mal diese Sendung, in der eine Familie aus Bottrop in eine Hütte gezogen ist, um die Steinzeit zu simulieren. Nun, Günther und ich müssen nichts simulieren, da wir die Zeit ohne Internet ja noch aktiv erlebt haben. Und ich glaube, ach was, ich bin sicher: Es wird herrlich! In einer letzten Amtshandlung haben wir der Lokalzeitung eine E-Mail geschrieben, dass wir an einer Berichterstattung über unser Grillfest nicht interessiert sind und wir sie bitten, von einer weiteren Kontaktaufnahme Abstand zu nehmen. (Günther hat diese Formulierungen gefunden, im nächsten Leben sollte er Anwalt werden! Wie fachmännisch das klang!)

Einmal in Fahrt wollte er danach unseren technikfreien Monat schriftlich in einem Vertrag festhalten. (O-Ton Günther: »Sollten wir nicht beide unterschreiben?«) Er ist da manchmal doch etwas formal. Mein Argument »Wir merken uns das!« hat ihn schließlich überzeugt. Er hat aber darauf bestanden, dass wir das Tablett in Tante Lottis Sekretär im Wohnzimmer einschließen. Ich befürchte, er hat insgeheim Angst, rückfällig zu werden. Den Schlüssel hat er hektisch zwischen den Tischdecken im Schrank versteckt.

»Den finden die nie!«, sagte er stolz, während er vor der untersten Schublade kniete.

»Wen genau meinst du jetzt mit ›die‹?«

»Ach ja…«, stotterte er. »Es geht ja um uns.«

Sind zu dem Schluss gekommen, dass – wenn tatsächlich *wir* den Schlüssel nicht mehr finden dürfen – es das Sicherste wäre, wenn Frau Weiß den Schlüssel verstecken würde. Sie ist die Zimmernachbarin von Tante Lotti und so dement, dass sie an schlechten Tagen nicht einmal weiß, wo sie sich befindet. Stellten uns vor, wie wir Frau Weiß in unser Wohnzimmer führen: »Bitte, Frau Weiß, hier ist der Schlüssel zu der verbotenen Frucht namens Internet. Müssen Sie nicht verstehen. Wir verlassen jetzt den Raum, und Sie verstecken den Schlüssel irgendwo. Einverstanden?« Mit hundertprozentiger Wahrscheinlichkeit wüsste Frau Weiß schon zwei Minuten später nicht mehr... großer Gott, wie gemein. Jetzt ziehen wir auch noch verwirrte, alte Menschen in unsere Misere mit rein. Plan verworfen.

Habe ja ohnehin die leise Hoffnung, dass Günther nach vier Wochen unser neues (altes) Leben liebgewonnen hat und danach fragt: »Internet? Wer oder was ist das?« Nun, will den Abend nicht vor dem Morgen loben, aber ich glaube, wir sind auf dem richtigen Weg, den Ausstieg endgültig zu schaffen.

Nach unserem feierlichen Beschluss haben wir in der Fernsehzeitung (NICHT IM INTERNET, JUCHHU!) nachgesehen, was gerade so läuft. *Panorama* und *Ernährungs-Docs* geschaut. Beruhigt eingeschlafen. Zurück in der analogen Welt. Alles wird gut.

Ommmmmmmmmmmmmmmmmmmm

mmmmmmmmmmmmmmmmmmmmmm

mmmmmmmmmmmmmmmmmmmmmm

mmmmmmmmmmmmmmmmmmmmmmm

Donnerstag, 10. August

Wenn mich irgendwann jemand fragt, was die beste Entscheidung in meinem Leben war, hätte ich bis vor Kurzem wahrscheinlich »Julia« oder »Hausbau« geantwortet. Nun aber würde es aus mir herausschießen: »Der technikfreie Monat, als ich meinem Mann den Computer wegnahm.«

Wir haben erst ein paar Tage ohne diesen Technikkram hinter uns, und ich fühle mich schon wie befreit.

Wir sitzen am Küchentisch und lesen Zeitung.

Wir essen Mittag und unterhalten uns.

Wir schauen im Fernsehen das, was gerade läuft. Und nicht das, was Günther aufwendig in den Mediatheken recherchiert hat.

Wir arbeiten in aller Ruhe im Garten, ohne jeden Strauch mit der Videokamera oder mit dem Handy festzuhalten.

Wir sind überrascht, wenn es plötzlich anfängt zu regnen. (Normalerweise sagt Günther ja Dinge wie: »Laut Regenradar werden die Kumuluswolken um exakt 14:32 über uns sein und für exakt sechseinhalb Minuten leichten Nieselregen bringen.«)

Diese Ruhe. Diese Entschleunigung. Ich habe schon zu Julia gesagt: Wir könnten wunderbar in einer Präventionskampagne für Internetsucht mitspielen. Zugegeben, wahrscheinlich sind wir für anfällige Teenager nicht unbedingt die idealen Identifikationsfiguren. Aber für alle Rentner? Durchaus! Seht her, wir kommen auch gut ohne Tablett und Co aus!

Nur gestern Abend wäre Günther fast rückfällig geworden.

Irgendwie kamen wir beim Abendessen auf die Sendung *Musik ist Trumpf* aus den Achtzigern zu sprechen. Meinen Sie, dass uns der Name des Moderators einfiel? Himmel, was haben wir überlegt! Wir sind das ganze Alphabet durchgegangen, um auf den Namen zu kommen.

»Achim – nee.«

»Bernd – nee.«

»Christian – nee.«

»Dieter – nee.«

»Erwin – nee.«

Als wir irgendwann bei »Zacharias – nee« angekommen waren, fragte Günther ungeduldig: »Mein Gott, Rosa, soll ich nicht doch mal im Internet nachgucken? Wir hätten den Namen in zwei Sekunden!«

»Du kennst unsere Abmachung«, sagte ich streng. »Keine Technik diesen Monat! Wir warten einfach, bis der Name irgendwann in der Zeitung steht. Oder er uns einfällt.«

(Beide Szenarien sind nicht sehr wahrscheinlich, aber die Hoffnung stirbt zuletzt!)

Samstag, 12. August

Heute war der Geburtstagskaffee bei Brigitte, meiner Nachbarin. Mir graute schon seit ein paar Tagen davor, schließlich war unser Grillabend immer noch »Talk of the Town«, wie Julia es genannt hat. (Früher sagte man noch Dorfklatsch dazu.)

Hatte mir vorgenommen, mit völliger Ironie auf Fragen zu reagieren. Als ich vor zwei Jahren (da war Günther gerade in Rente gegangen) beim Geburtstagskaffee gesagt habe, dass er nur auf dem Sofa sitzt, nichts tut, außer mich damit in den Wahnsinn zu treiben (was hundert Prozent der Wahrheit entsprach!), hatten die anderen das als außergewöhnlichen Sinn für Humor gewertet. Die Vorstellung, dass Günther wirklich 24 Stunden auf dem Sofa saß, schien den anderen einfach derart absurd, dass es sich nur um einen Witz handeln konnte.

Weil diese Strategie also schon mal funktioniert hatte, hatte ich mir vorgenommen, Folgendes zu sagen: »Hört mir auf mit Technik! Wir sitzen nur noch bei Kerzenschein im Wohnzimmer und lesen Zeitung!« Dazu wollte ich in einen übertriebenen Singsang verfallen und wie eine Schauspielerin im Ohnsorg-Theater klingen. Ist zwar sonst nicht meine Art, aber was macht man nicht alles, um die Wahrheit als glaubhafte Lüge zu verkaufen? Arrrgghh.

Zum Glück kam es gar nicht so weit, denn schon als Brigitte die Tür öffnete, sagte sie mit gedämpfter Stimme: »Wir müssen heute etwas leiser sein. Eddie darf wegen seiner OP nicht hochspringen und sich aufregen.«

Eddie ist Brigittes Golden Retriever, und seine Physiotherapeutin (!) habe gesagt, dass er größtmögliche Ruhe brauche. Wollte das Fass nicht aufmachen, seit wann Hunde zum Physiotherapeuten gehen, denn die ganze Sache kam mir sehr gelegen. Dank Eddie wurde es nämlich ein ruhiger Nachmittag, da Brigitte – sobald es auch nur ein wenig lauter wurde – »pssst« zischte und auf Eddie zeigte, der vollkommen friedlich in seinem Korb neben dem Kamin lag. Als Doris irgendwann flüsterte: »Was ist eigentlich aus eurer Facebook-Sache geworden?«, zeigte ich rücksichtsvoll auf Eddie und flüsterte zurück: »Erzähl ich dir mal in Ruhe.«

Einmal dachte ich kurz, ich würde gegen den technikfreien Monat verstoßen, denn Antje hatte ihr Tablett mit Thailand-Fotos dabei, und wir wischten uns alle der Reihe nach durch ihren dreiwöchigen Urlaub. Aber schließlich beruhigte ich mich, denn *ich* hatte das Tablett ja nicht mitgenommen, sondern musste lediglich aus sozialem Zwang mitwischen. Digitales Passivrauchen sozusagen.

Danach haben wir noch alle Brigittes neues Parfüm ausprobiert (muss sündhaft teuer gewesen sein, denn es war eines ihrer Hauptgeschenke). Als wir gingen, war der Flakon deutlich leerer als zuvor. Wahrscheinlich haben wir mal eben dreißig Euro versprüht.

Sonntag, 13. August

3.20 Uhr

Schweißgebadet aufgewacht. Peter Frankenfeld!, schießt es mir durch den Kopf.

Wecke Günther auf. »Peter Frankenfeld«, rufe ich ihm zu.

»Wie bitte?« Günther, vollkommen desorientiert und schlaftrunken. »Wovon redest du?«

»Peter Frankenfeld! *Musik ist Trumpf!* Grundgütiger!«

Sehen Sie, wir brauchen dieses Internet nicht! Kopf funktioniert!

Montag, 14. August

War heute in der Stadt, um eine neue Fußmatte fürs Bad zu kaufen. Wie herrlich ist das bitte, einfach so loszustiefeln, ohne im Vorfeld Günthers Preisvergleich im Internet abzuwarten?!

Ich war gerade auf dem Rückweg, als ich hinter mir eine Frauenstimme »Rosa??? Rosaaa!!!« rufen hörte. Drehte mich um und sah – nein, wie viele Jahre war das her! – Inge, meine ehemalige Klassenkameradin. Sie war der Schwarm der ganzen Schule, ist danach ein Jahr nach London gegangen (zu der Zeit ist niemand nach der Schule ins Ausland gegangen!) und wurde später Kostümbildnerin am Theater in Heidelberg. Kurz: Sie ist eine derjenigen, wegen denen mir die Vorstellungsrunde beim Klassentreffen schon jetzt Bauchschmerzen bereitet. Dabei ist es doch erst in zwei Wochen. Oder schon???

»Inge«, rief ich, und wir umarmten uns. »Wir haben uns ja ewig nicht mehr gesehen. Was machst du hier?«

»Ach, ich kümmere mich um den Nachlass meines Onkels. Deswegen bin ich einige Tage in der Stadt, um alles Mögliche zu regeln. Und in zwei Wochen bin ich ja schon wieder hier. Du kommst doch auch zum Klassentreffen?«

»Natürlich!«, rief ich. Konnte mir gerade noch verkneifen zu sagen, dass ich seit Wochen fast jeden Abend verschiedene Outfits anprobiere. »Das wird ja wirklich eine Überraschung, alle einmal wiederzusehen!«

Natürlich war auch Inge älter geworden, aber sie trug ein ärmelloses (!) Top (konnte sie sich leisten!) und hatte noch immer die schlanke Figur von früher. Auch ihr pfiffiger Kurzhaarschnitt wippte noch wie damals hin und her, nur in Grau eben.

»Sag mal, bist du eigentlich in unserem Verteiler mit drin?«, fragte sie dann.

»Verteiler?«

»Na, Joachim hat doch diese lustigen Bilder von früher rumgemailt. Als Vorbereitung sozusagen.« Sie lachte. Ich muss irgendwie komisch reagiert haben, denn sie berührte mich plötzlich mütterlich am Unterarm: »Du hast doch eine E-Mail-Adresse, Rosa?«

»Natürlich!« Ich lachte entrüstet. »Ich bin doch nicht von anno dazumal. Aber Günther hat mal wieder alles … äh … umgestellt.«

»Männer und Technik – willkommen im Club!« Inge

lachte nun ebenfalls. »Mein Karl-Heinz hat neulich ein Software-Update gemacht. Ich sag dir: In unserem Alter braucht es ja schon eine Weile, bis man sich an all die neuen Features gewöhnt hat.«

Features? Inge war in anderen Dimensionen unterwegs.

Sie kramte einen Kassenzettel und einen Stift aus ihrer Handtasche und drückte mir beides in die Hand. »Schreib mir doch deine E-Mail-Adresse auf, dann leite ich dir die Fotos nachher weiter. Sie sind wirklich zum Schießen.«

Ich stockte, und mein Herz raste. Wie war noch mal unsere E-Mail-Adresse???

Rosa! Erinnere! Dich!

Keine Chance.

Irgendwas gab es doch mit GüntheRosa.

Aber ich glaube, so heißen wir bei Facebook.

»Äh, Günther hat alles umgestellt«, stotterte ich.

»Aber die E-Mail-Adresse wird ja noch dieselbe sein, oder?«

Ich stockte wieder. Zum Glück kam mir ein Geistesblitz. »Ich hab eine Idee: Schreib du mir doch deine auf, und ich schick dir nachher eine Mail. Weißt du, Günther hat den ganzen Laden auf den Kopf gestellt.« Ich kicherte gekünstelt. »Kein Stein bleibt auf dem anderen, du weißt schon.«

Inge lächelte höflich, und ich ignorierte die Tatsache, dass sie gleichzeitig ein wenig die Stirn runzelte.

Bestimmt drückte ich ihr Zettel und Stift in die Hand, woraufhin Inge gekonnt (ohne zu überlegen!) ihre E-Mail-Adresse notierte.

Als ich nach Hause kam, saß Günther am Esstisch und hatte die Zeitung ausgebreitet. »Man liest wirklich ganz anders auf echtem Papier.« Er nahm ein paar Seiten in die Hände, raschelte und schloss die Augen. »Ich muss zugeben, dass da ein Tablet nicht mithalten kann.«

»Aber ansonsten hat so ein Tablett ja auch seine Vorteile«, sagte ich vorsichtig. (Dass ich das mal sagen würde, arrrggghhh!)

Günther ließ die Zeitung fallen und starrte mich an: »Dass du das noch einmal sagen würdest, Rosa!«

»Man lernt eben nicht aus«, sagte ich schnell und lachte unbeholfen.

»Bin froh, dass du noch zur Vernunft gekommen bist. Aber noch glücklicher bin ich, dass wir so konsequent sind und diesen technikfreien Monat durchhalten.«

Dienstag, 15. August

Erwischte mich beim Gedanken, Inge eine E-Mail zu schreiben. War im nächsten Moment zum Glück wieder Herrin meiner Sinne. Natürlich würde ich Inge *keine* E-Mail schreiben. Technikfreier Monat, klingelt da was, Rosa?, ermahnte ich mich.

Lenkte mich stattdessen mit den Hochzeitsvorbereitungen von Tante Lotti ab und fuhr ins Heim.

»Aber, Rosa«, sagte sie vollkommen verdattert, als ich hoch motiviert mit einer To-do-Liste in ihr Zimmer stürmte. »Das ist doch erst in 87 Tagen. Wilhelm zählt immer die Tage. Süß, oder? Wie dem auch sei: Wir müssen wirklich noch nichts vorbereiten, Liebes. Wir haben alle Zeit der Welt.«

»Man kann gar nicht früh genug anfangen. Außerdem sollten wir mal deinen ganzen Schrank durchsehen. Vielleicht müsste man mal etwas ausbessern.«

»Was denn ausbessern?«

»Na ja, Knöpfe annähen, Fusselbürste, du weißt schon. Solche Sachen eben.« Muss zugeben, dass mich ein gewisser Aktionismus überkam.

Während ich hektisch Strickjacke für Strickjacke von der Kleiderstange nahm und akribisch begutachtete, saß Tante Lotti in ihrem Ohrensessel am Fenster und schaute mich entgeistert an.

»Geht es dir gut, Rosa?« Sie klang ernsthaft besorgt.

»Ha!«, überspielte ich ihre Frage einfach. »Da haben wir doch schon einen kleinen Übeltäter gefunden: Dieser Knopf sitzt viel zu locker. Werde den gleich annähen. Wollen doch nichts riskieren, oder?« Lachte hektisch und ertappte mich wieder bei einem komischen Gedanken: Ich meine, es ist ja schon schade, dass wir ausgerechnet *jetzt* den technikfreien Monat haben.

Abends

Muss an Inge denken. Ob ich doch kurz eine Mail ... Nein!

Mittwoch, 16. August

Es ist ein unwürdiges Schauspiel. Habe Günther unter einem Vorwand zum Einkaufen geschickt (»Auf Fischstäbchen gibt es heute Frühaufsteher-Rabatt.«) und bin danach zum Wohnzimmerschrank gerannt. Aus den Tischdecken den Schlüssel zu Tante Lottis Sekretär rausgefischt, Tablet geholt, mit zittrigen Fingern angemacht, E-Mail-Programm geöffnet. Zwischendurch hektisch aus dem Fenster gestarrt. Nicht auszudenken, wenn Günther aus welchem Grund auch immer früher als anvisiert zurückkommt! (Genau ausgerechnet: Er müsste mindestens 45 Minuten weg sein!)

Tippte:
»Liebe Inge,hier kommt mein E-Mail-Kontakt.Freue mich schon auf das Klassentreffen.Nehmt mich gerne in den Verteiler mit auf.Liebe Grüße,Rosa«

War ein wenig stolz auf mich. »E-Mail-Kontakt« und »Verteiler« – das klang so fachmännisch, als würde ich jeden Tag nichts anderes machen, als Mails zu verschicken. Aber diese Absätze und Leerzeichen – Mist, daran erkennt man den wirklichen Anfänger. Adapter-Gisela würde das ganz anders machen. Mit Ach und Krach (sind meine Finger so dick???) Absätze reinbekommen.

Auf Senden gedrückt.
Deckel zugeklappt.
Zurück in den Sekretär.
Abgeschlossen.

Schlüssel zwischen den Tischdecken versteckt.
Schweißausbruch bekommen.

Donnerstag, 17. August

9 Uhr

»Ich bin richtig stolz auf uns«, sagt Günther während des Frühstücks. »Dass wir diesen technikfreien Monat so konsequent durchhalten, ist nach unserer Vorgeschichte… ich meine, wir… also ich… habe ja doch viel mit dem Tablet… also das ist doch wirklich vorbildlich, wie wir das durchziehen, oder?«

»Auf jeden Fall«, beeile ich mich zu sagen und versuche, meine rote Birne hinter der Zeitung zu verstecken.

»Es zeigt doch, dass man sein Leben im Griff hat, wenn man die Dinge auch wirklich umsetzt, die man sich vorgenommen hat«, sagt Günther staatstragend.

»Ganz deiner Meinung«, nuschele ich, während ich in mein Brötchen beiße.

Günther seufzt zufrieden.

11 Uhr

Günther ist gerade zum Einkaufen gefahren. Ob ich nur mal kurz nachgucke, ob Inge geantwortet hat?

11.01 Uhr

Nein!!!

11.10 Uhr

Herr steh mir bei, ich krame den Schlüssel zwischen den Tischdecken hervor.

11.15 Uhr

Inge hat tatsächlich geantwortet:

»Liebe Rosa, danke für deine Mail! Ich habe sie schon an Joachim weitergeleitet, er schickt dir nachher alle Fotos! Wenn du auch noch welche von damals hast, immer her damit! Mail sie uns gerne. Joachim will nämlich alle sammeln und vorab ein Fotoalbum gestalten. Liebe Grüße und bis ganz bald! Inge«

11.16 Uhr

Ich habe noch vier ganze Alben mit Fotos aus der Schulzeit. Aber wenn ich die mailen soll, würde das ja bedeuten, dass ich sie abfotografieren und hochladen müsste.

11.17 Uhr

Versuche, mich in Trance zu versetzen. Günther hatte mir das doch mal gezeigt. Wie ging das noch mal???

11.22 Uhr

Keine Chance. Ich weiß nichts mehr.

12 Uhr

Günther ist wieder da. Ich versuche, vollkommen normal zu wirken, und pfeife sinnlos vor mich hin, während ich durch die Küche gehe. Reine Übersprungshandlung.

»Warum pfeifst du?«, fragt Günther.

Bringe ein unaufgeregtes »Äh... nur so« heraus.

»Weißt du, worauf ich mal gespannt bin?«, fragt Günther, während er die Einkäufe wegsortiert. »Wenn wir in einer Woche das Tablet wieder anmachen – was meinst du, wie viele E-Mails haben wir bekommen?«

12.01 Uhr
O Gott...

12.02 Uhr
Erkenntnis: Ich muss meine Spuren verwischen!

12.03 Uhr
Erkenntnis: Das schaffe ich nie!

23 Uhr
Konnte mich den ganzen Tag nicht mehr konzentrieren. Ob ich heimlich Günther II um Hilfe bitte???

Sonntag, 20. August

Es wird alles nur noch schlimmer. Joachim hat Bilder geschickt. Und ich habe geantwortet. Und die anderen auch. Und dann hat Joachim noch mehr Bilder geschickt. Und ich habe wieder geantwortet. Und die anderen auch.

Geständnis: Ich bin in den letzten Tagen immer wieder heimlich zu Tante Lottis Sekretär gerannt und darf mich inzwischen fester Bestandteil des Verteilers nennen. Joachim hat so lustige Fotos von früher rumgeschickt, dass ich jedes Mal mit dem Tablett kichernd auf dem Sofa saß und in alten Zeiten geschwelgt habe. Sobald ich das Klappen der Seitentür zum Hof hörte und Günther sich ankündigte, habe ich in einem Affentempo alles wieder zurückgeräumt. Hätte ihm so gern von den Fotos erzählt, aber er zieht den technikfreien Monat dermaßen vorbildlich durch, dass ich nun nicht mit der großen Ich-schreibe-heimlich-Mails-Beichte um die Ecke kommen kann. Ausgerechnet ich, die ich diesen ganzen Technikkram so verabscheut habe! Es ist vertrackt. Außerdem hätte ich das Thema sofort ansprechen müssen, nachdem ich Inge in der Stadt getroffen habe. Irgendwann ist es einfach zu spät für gewisse Dinge.

Als die Tochter unserer Nachbarin Brigitte nach dem Abi ein Studium begonnen hat, habe ich es irgendwie versäumt zu fragen, für welches Fach sie sich entschieden hat. Die Wochen, Monate und sogar Jahre gingen ins Land, und ich hatte immer noch nicht gefragt. Irgendwann war der Zug natürlich abgefahren. Fragen Sie mal nach drei Jahren: Brigitte, was studiert Annika eigentlich? Geht nicht! Nach sieben Jahren eröffnete Annika schließlich eine Anwaltskanzlei in Hamburg. Nach sieben Jahren! Erst da wurde mir klar, dass es wohl Jura gewesen sein muss.

Zurück zu den verbotenen E-Mails. Blicken wir den Tatsachen ins Gesicht: Ich muss sage und schreibe neunzehn E-Mails verschwinden lassen.

Aber wie???

Abends

Julia wird Tochter des Jahres. Nun, ich habe nur eine. Aber sollte die *Brigitte* oder eine andere Zeitschrift so einen Wettbewerb ausrufen, würde ich da sofort Julia anmelden. Die Retterin in der Not! Habe sie gerade angerufen und alles gestanden. Fühlte mich, als müsse ich ihr eine Affäre mit dem Postboten beichten, dabei waren es doch nur illegale E-Mails.

»Eure Probleme möchte ich haben«, seufzte Julia. »Sag Papa doch einfach, dass du jetzt Mails schreibst, der freut sich doch.«

»Bist du verrückt?«, prustete ich. »Dein Vater und ich haben einen technikfreien Monat vereinbart. Und nach der ganzen Vorgeschichte kann ich nicht diejenige sein … Julia, ich bitte dich inständig: Hilf mir! Und verlier nie mehr ein Wort über dieses Telefonat. Es ist alles so unsäglich peinlich!«

»Ihr seid echt wie Teenies«, lachte sie und navigierte mich schließlich geduldig durch das Mailprogramm, damit ich alle Mails, die ich bekommen und selbst geschrieben hatte, löschen konnte. Klappte ganz gut. Nur einmal dachte ich, irgendetwas wäre kaputtgegangen, denn auf dem ganzen Bildschirm war plötzlich die Seite vom Kachelmann-Wetter zu sehen, die sich Günther immer anguckt.

»Das kann nicht sein«, sagte Julia.

»Ist aber so.«

»Du musst irgendwo raufgetippt haben.«

»Hab ich nicht.«

»Musst du aber.«

»Nein!«

Nachdem Julia mich mit Ach und Krach wieder ins Mailprogramm gelotst hatte, setzten wir das Löschen fort. Und nach zehn Minuten hatten wir alle Spuren beseitigt. Sogar den Papierkorb haben wir geleert, Julia ist ein echter Profi.

Hab mir vor lauter Erleichterung danach einen großen Schnaps genehmigt. Als Günther ins Wohnzimmer kam, Schluckauf bekommen.

Wenn der wüsste!

Abends
Warum habe ich eigentlich keine eigene E-Mail-Adresse? Das ist doch Wahnsinn in der heutigen Zeit!

Montag, 21. August

Günther hat es sich im realen Leben gemütlich gemacht. Er liest Zeitung, er löst Sudoku-Rätsel, er sitzt auf dem Sofa, und er guckt *Küchenschlacht*. Das haben wir uns angewöhnt, seitdem wir den technikfreien Monat haben. Inzwischen haben wir ein festes Ritual jeden Tag: Zunächst essen wir zu Mittag, dann machen wir gemeinsam den Abwasch, dann legen wir uns für eine halbe Stunde aufs Ohr, dann gucken wir *Küchenschlacht* und trinken Kaffee. Irgendwie ist es ja schön, wenn man feste Rituale hat. Das Leben ist überschaubar, Entschleunigung ist kein Modewort aus esoterischen Zeitschriften, sondern gelebte Realität, und Günther ist glücklich damit. Bevor ich von der verbotenen Frucht alias Verteiler gekostet hatte, war ich es auch.

Natürlich, Günthers Technik-Obsession hat mich in den Wahnsinn getrieben. Doch mehr und mehr ertappe ich mich bei dem Gedanken, dass unser Leben mit dem Internet ein wenig aufregender war. Und was würde ich bloß dafür geben, noch weitere Schulfotos von Joachim zu sehen?! Und wäre ein eigenes E-Mail-Postfach nicht auch sinnvoll? Ich meine, Briefgeheimnis und so! Wie kann man nur auf die Idee kommen, ein gemeinsames Postfach einzurichten? Ist das eigene Postfach etwa so was wie die Emanzipation vom Herd?

Natürlich kann ich all das nicht mit Günther besprechen. Wenn ich jetzt aus heiterem Himmel was von eigenem Postfach faseln würde, würde er mich einweisen.

In was habe ich mich da nur reinmanövriert?

Dienstag, 22. August

Post von Julia! Im Briefkasten lag heute ein großer Umschlag. Darin: ein Gutschein für einen Kurs an der Volkshochschule am kommenden Wochenende mit dem Titel »Geist und Körper verwöhnen. Entspannung mit Klangschalen« und eine handgeschriebene Karte:

»Hallo liebe Mama, na, das war ja eine Aufregung neulich, was? ☺ Ist der Blutdruck inzwischen wieder gesunken? ☺ Hab mir gedacht, dass du vor dem Klassentreffen und nach der »geheimen Aktion« ein wenig Entspannung brauchen könntest. ☺ Viel Spaß bei dem Kurs, zu dem ich dich angemeldet habe. Stichwort: Kopf freibekommen ☺ Pssst, und kein Wort zu Papa. Obwohl, das darf er ja wissen … im Gegenzug zu … ☺ Muss immer noch lachen, wenn ich daran denke. Das war ja was! ☺ Liebe Grüße, deine Julia«

Abends

Günther hat die Karte von Julia gefunden. »Man könnte denken, du hättest ihr eine Affäre mit dem Postboten gestanden«, lachte er. »Jetzt mal im Ernst: Um was ging es denn?«

Habe mich mehr oder weniger überzeugend herausgeredet. Habe erst einen auf Mein-Name-ist-Hase-ich-weiß-von-nichts gemacht und mir dann theatralisch auf die Stirn geschlagen, als wäre mir gerade eingefallen, auf was Julia anspielte: »Ach Gott, ich bin neulich beim Krankenhaus vorbeigefahren und habe auf dem Gelände nach Dr. Friedrichsen Ausschau gehalten. Sag nichts, ich weiß, ich bin unverbesserlich. Aber genau das muss Julia gemeint haben.«

Mittwoch, 23. August

Wir stecken in einer Sinnkrise. Und nur, weil Günther die ZEIT abonnieren will.

Typischer Fall von: gute Idee, Umsetzung (ohne Internet) kaum möglich.

Nachdem Günther den Entschluss gefasst hat, war schnell klar, dass er das Abo telefonisch abschließen wollte. (Wie auch sonst? Nach Hamburg fahren und klopfen? Brieftaube?) Dummerweise hatte Günther aber die letzte Ausgabe der *ZEIT* (kauft er sich immer, seitdem wir im technikfreien Monat sind) weggeschmissen. Heißt: Wir hatten die Telefonnummer nicht. »Uns bleibt wohl nur die Auskunft«, schloss Günther messerscharf. Ich holte das Telefonbuch aus dem Schrank und hatte nach zwei Minuten die Nummer gefunden: 11833. Doch dahinter stand klein gedruckt: 1,99 Euro pro Minute! Großer Gott, die nehmen es aber auch von den Lebendigen! Die paar Blöden, die heutzutage noch da anrufen, sollen anscheinend so richtig ausgenommen werden.

Auch Günther war entsetzt. »Ob die Warteschleife etwa auch schon was kostet?«, fragte er, und ich sah, wie es in ihm ratterte. »Da kommt ja ein Vermögen zusammen!«

»Sollen wir nicht doch kurz im Tablett...«, setzte ich an, doch Günther schüttelte entschieden den Kopf: »Wir halten das nun schön durch!«, woraufhin mir um ein Haar die Sache mit den Mails rausgerutscht wäre.

»Julia könnte doch die Nummer schnell raussuchen«, startete ich einen neuen Versuch. »Dann verstoßen wir... äh... nur indirekt gegen unsere Abmachung.«

»Auf gar keinen Fall. Außerdem ist es eine Frage des Prinzips. Es MUSS möglich sein, das auch ohne Internet hinzubekommen. Früher ging es doch auch!«

Damit war es beschlossene Sache: Günther wollte oder besser gesagt musste bei der Auskunft anrufen, um die Nummer zu erfragen.

Weil wir immer noch Angst hatten, dass schon die Warteschleife 1,99 Euro pro Minute kostete, wollten wir zumindest »den Teil, den wir in der Hand haben« (O-Ton Günther), so knapp wie möglich halten.

O Gott, es ist ein bisschen peinlich. Aber wir haben wirklich geübt, wie Günther die Anfrage stellt.

»Probier mal, was du gleich sagst«, sagte ich.

Günther nahm den Hörer in die Hand und tat so, als würde er bei der Auskunft anrufen.

»Hallo, hier ist Günther Schmidt, ich benötige die Nummer von der *ZEIT* aus Hamburg. Äh ... also, nicht die Zeit, also Uhrzeit, sondern ... äh ... die Redaktion *DIE ZEIT*, die Wochenzeitung ... äh ... kennen Sie doch. Am besten wäre auch die direkte Nummer der Abo-Abteilung ... Ich warte ... äh ... danke.«

Günther und ich sahen uns an. Zwei Dumme, ein Gedanke: Das war viel, viel, viel, viel zu lang!

Günthers neuer Versuch »Nummer *ZEIT* Hamburg« war auch keine Alternative, schließlich könnte es sein, dass Rückfragen à la »Wer spricht denn da überhaupt?« oder »Jetzt mal in Ruhe, was genau wollen Sie?« kommen könnten.

Schließlich einigten wir uns auf: »Schmidt, brauche Nummer von der *ZEIT*, Redaktion, Abo, Hamburg.«

Ja, das war gut. Alle Informationen drin, kurz und knapp, unmissverständlich. Und: hoffentlich GÜNSTIG!

Günther wählte die Nummer der Auskunft. Ich stand daneben und – ich weiß, wir steigerten uns da etwas rein – drückte die Daumen.

»Es klingelt«, sagte Günther und lauschte angestrengt. Eine halbe Sekunde verging, und wir wurden langsam nervös. »Geht immer noch keiner ran?«, fragte ich aufgebracht. Einen Euro schon in der Warteschleife verklingelt! »Nein«, sagte Günther fahrig. »Sonst hätte ich doch schon gesprochen.« Eine weitere halbe Sekunde verging, Günther guckte panisch auf die Uhr. »Ich fass es nicht. Kostet das jetzt schon was?«

»Abbruch?«

»Geht dann nicht alles von vorn los?«

»Sollen wir nicht doch im Tablett...?« (Das Abo war doch nur ein paar Klicks entfernt!!!)

Ich glaube, an der Stelle war Günther kurz davor einzuknicken, doch plötzlich hörte ich ihn in einem Affentempo sagen: »SchmidtbraucheNummervonder*ZEIT*Redaktion AboHamburg.« Kurz danach schrieb er hektisch eine Nummer auf und legte ohne ein weiteres Wort auf.

»Geschafft. Die hat mir doch prompt noch einen schönen Tag gewünscht. Das hat doch wieder gekostet! Die wissen einfach, wie man die Anrufer melken kann.«

Nachmittags dann wieder *Küchenschlacht* gesehen und Herzrasen bekommen beziehungsweise immer noch gehabt. Die Sendung geht ja so: Fünf Kandidaten bereiten parallel ein Gericht zu und werden währenddessen von einem Profikoch unterstützt. Normalerweise ist der auch eine wirkliche Hilfe, aber gerade zu Beginn der Sendung quatscht der die regelmäßig in Grund und Boden. Wahrscheinlich sieht das Konzept am Anfang ein wenig Small Talk vor, damit der Zuschauer die Kandidaten besser kennenlernt (macht ja auch Sinn), aber heute schoss Johann Lafer den Vogel ab. Nachdem Kandidatin Marlene in die Kamera gesagt hatte, was sie geplant hat (Rinderrouladen mit Apfel-Rotkohl und Serviettenkloß), hätte sie eigentlich direkt anfangen müssen.

Ich meine, Rinderrouladen in 35 Minuten! Wie bitte soll das gehen?! Dafür brauchte sie definitiv jede Minute, ach was, Sekunde. Doch denken Sie, sie konnte loslegen? Nein, da stand doch der Lafer da und stellte ihr eine Frage nach der anderen. »Du kommst also aus der Eifel. Erzähl doch mal, wie ist es denn da so?« »Und du bist ja Lehrerin, wie ist denn das so?« »Du hast deinen Sohn mitgebracht, hat der denn eine Leib- und Magenspeise, die du ihm immer machen musst?« Günther und ich konnten es nicht mit ansehen. Die Kandidatin sortierte zwar nebenbei ein paar Löffel, aber wenn sie sprach, hörte sie höflicherweise immer damit auf. Und der Lafer quatschte und quatschte.

»Ich kann nicht mehr hingucken«, stöhnte Günther und hielt sich die Hände vor die Augen. »Rinderrouladen! Wie soll die denn das noch schaffen?« Er beugte sich vor zum Fernseher und flehte: »Lass sie doch endlich in Ruhe, Lafer! Rin-der-rou-la-den!«

Ein paarmal dachte man kurz, dass Lafer endlich zu einem anderen Kandidaten gehen würde, doch er hatte einen Narren an der Eifel-Frau gefressen. Eine Frage jagte die andere.

Günther und ich waren mit den Nerven fix und alle.

»Soll ich ausmachen?«, fragte ich.

»Nein, ich will nun doch wissen, wie es ausgeht. Aber man kann es nicht mit ansehen.«

Restliche Sendung einen Puls von 180 gehabt.

Die Rinderrouladen wurden übrigens mit Ach und Krach doch noch fertig. Rausgeflogen ist ein junger Mann, der ein perfekt pochiertes Ei zubereitet hat. »Der stand die ganze Woche schon auf der Abschlussliste«, kommentierte Günther trocken. »Schade, war ein guter Mann.«

Wenn die Rinderrouladen ausgeschieden wären, hätten wir einen Brief ans ZDF geschrieben. Können bei der Sendung richtig zu Wutbürgern werden.

Samstag, 26. August

10 Uhr

Bin auf dem Weg zum Entspannungsseminar, um den Gutschein von Julia einzulösen. Weiß nicht, ob es ein gutes Zeichen ist, wenn man so etwas geschenkt bekommt. Oder ist es dasselbe in Grün, als wenn man von seinen Mitmenschen plötzlich einen Deoroller überreicht bekommt? So ein kleiner Wink mit dem Zaunpfahl?!

Zugegeben, ich kann nicht gut einschlafen. Abschalten auch nicht. Ich glaube ja wirklich, dass das pathologisch bei mir ist. Sobald ich Ruhe habe, setzt der Ratter-ratter-jetzt-erst-recht-grübeln-Mechanismus ein. Aber nun gut, einem geschenkten Gaul ... Sie wissen. Und außerdem ist es so lieb von Julia, dass sie sich um mich Gedanken macht, wo sie doch selbst so viele Probleme hat.

Zwei Stunden dauert das Seminar, werde einfach zwei Stunden rumliegen und ein wenig über Johann Lafer nachdenken und warum der immer so viel reden muss. Die Alternative wäre gewesen, mit Günther den Schuppen aufzuräumen. Na, da nehme ich doch lieber die Klangschalen. Ommmmmm!

Der Kurs findet in der Volkshochschule statt. Als ich den Raum mit dem wohlklingenden Namen »B141-R4« betrete, sitzen die anderen Teilnehmer bereits auf dem Boden in einem Halbkreis. Eine Frau, die in der Mitte steht, kommt mir mit schnellen Schritten entgegen. »Frau Schmidt?«

»Ja, genau.«

»Prima, dann sind wir vollzählig. Herzlich willkommen! Übrigens, ich bin die Erika. Wir duzen uns hier.«

Erika, weiße Leinenhose, weißes Leinenhemd bis an die Knie, geht zu einer lilafarbenen Decke, auf der sie mindestens zehn Klangschalen in verschiedenen Größen aufgebaut hat.

Sie nimmt sich einen Klöppel und schlägt auf eine der Schalen. Gong. Erika setzt sich in den Schneidersitz (die Jüngste ist sie ja auch nicht mehr, Wahnsinn, wie sie die Beine übereinander bekommt) und strahlt uns alle nacheinander an, mit langem, direktem Augenkontakt. (Die hat wirklich die Ruhe weg. Vielleicht ist an diesen Klangschalen ja wirklich was dran.)

»Namasté, ihr Lieben«, sagt sie dann. »Ich würde sagen, wir machen eine kleine Vorstellungsrunde. Ich fang einfach mal an. Ich bin die Erika und habe die Klangschalen auf einer Tibet-Reise vor 28 Jahren kennengelernt. Seitdem lassen mich diese kraftvollen, wunderbaren Instrumente nicht mehr los. Sie reinigen unser Energiefeld und geben uns die Ruhe zurück, die wir im Alltag manchmal verlieren.« Gong, sie schlägt mit dem Klöppel auf eine der Schalen. »Ich gebe mal weiter.«

Nach und nach stellen wir anderen uns vor. Da ist Claudia, ebenfalls Klangschalentherapeutin, die »mehr auf sich selbst achtgeben möchte. Gerade, wenn man in so einem

Bereich tätig ist, vergisst man sich manchmal selber«. Erika nickt verständnisvoll.

Ariane und Konstanze, beide maximal Mitte zwanzig, würde ich schätzen, erzählen, dass sie beruflich so eingespannt sind, dass sie in den letzten Wochen verschiedene Entspannungstechniken ausprobiert haben. So richtig gebracht habe es aber nichts, die Klangschalen sind also ihr letzter Strohhalm.

Wenn ich so etwas höre, denke ich immer, wie gut wir es früher hatten. Ich meine, wir wären doch damals nie so ausgebrannt gewesen, dass man sich mit Augenringen in ein Klangschalenseminar gerettet hätte. Man hat nach der Schule einen Beruf gelernt und dann bis zur Rente darin gearbeitet. Werfe Ariane und Konstanze einen mitfühlenden Blick zu und muss an Julia denken. Eigentlich müsste *sie* jetzt hier sitzen!

Dann stellen sich noch drei Frauen in meinem Alter vor. Zwei von ihnen kennen Erika schon vom Kurs »Meridian-Klopftechnik« und Heidi, die Letzte im Bunde, erzählt, dass ihr Mann vor Kurzem in Rente gegangen ist. Der Zusammenhang Mann-geht-in-Rente und Frau-sitzt-im-Klangschalenseminar erschließt sich mir sofort. Werfe auch ihr einen mitfühlenden Blick zu. Heidi, wir sind Schwestern im Geiste!

Als Letzte bin ich dran. »Ich bin Rosa und habe den Kurs geschenkt bekommen« ist mit Abstand die banalste Erklärung. Überlege für einen Moment, noch von der Facebook-Party, vom technikfreien Monat und von Günther im Allgemeinen zu erzählen, verwerfe den Gedanken aber sofort. Man muss auch mal wissen, wann man schweigen muss.

»Unsere Klangschalenreise wird zwei Stunden dauern«, sagt Erika schließlich. »Lasst euren Geist frei und genießt einfach die wunderbaren Schwingungen. Manche von euch werden vielleicht einschlafen. Und auch wenn euch der eine oder andere Gedanke zufliegt: Nehmt ihn an und lasst es geschehen. Ihr sollt wissen: Hier gibt es kein Richtig und kein Falsch. Lasst euch auf die Reise ein. Alles ist erlaubt. Und lasst euch überraschen, was das Universum für euch bereithält.« Gong, sie schlägt wieder auf eine Klangschale.

Habe ein bisschen Gänsehaut bekommen. Das hat die Erika nun wirklich schön gesagt.

Ich setze meine Brille ab, lege mich auf die Matte und decke mich mit der Wolldecke zu.

Während sich Susanne und Claudia neben mir sogar Gute Nacht wünschen (denken die ernsthaft, die schlafen gleich ein???), habe ich das dumme Gefühl, dass auf *mich* mal wieder viele Gedanken »zufliegen«.

Bitte lass Erika nicht auf meine Brille treten!
Wie das Klassentreffen morgen wohl wird?
Ob ich die alle wiedererkenne?
Na, Inge habe ich ja schon gesehen.
Was sage ich, wenn es auf das Thema E-Mails kommt?
Gut, dass ich noch die Spuren verwischen konnte.
Na ja, streng genommen hat Julia es ja gemacht.
Ob Julia und Richard wohl wieder zusammenkommen?
Dr. Friedrichsen wäre was für sie gewesen.
Irgendwie zieht es hier.
Könnte man den Bügel überhaupt nachbestellen?
Warum tut mein Steißbein denn plötzlich so weh?
Die neben mir atmet aber laut.

Ob ich mal zum Orthopäden muss?

Was Günther jetzt wohl macht?

Vermisst er insgeheim auch das Internet?

O Gott, habe ich gerade ›auch‹ gedacht?

Bitte lass Erika nicht auf meine Brille treten.

Das nächste Mal nehme ich eine zweite Wolldecke mit.

Hab den neuen Einrichtungsladen am Marktplatz immer noch nicht von innen gesehen.

Ob die da auch Geschirr haben?

Ute hat so eine schöne neue Le-Creuset-Auflaufform.

Könnte ich auch gebrauchen.

Ob Julia Richard überhaupt noch liebt?

Die atmet aber wirklich laut.

Sieht das komisch aus, wenn ich die Brille jetzt einfach wieder aufsetze?

Wenn die Füße erst kalt sind, wird man krank.

Typisch, dass ich wieder nicht abschalten kann.

Irgendwann muss ich aber doch tatsächlich eingeschlummert sein. Denn plötzlich ertönt eine Klangschale so laut, als müsse Dornröschen aus ihrem hundertjährigen Schlaf geweckt werden. Erika ruft mehrfach: »Rosa, Rosaaa, Rosaaa! Willkommen zurück!«

Ich schrecke auf. Himmel, war ich im Tiefschlaf. So fest habe ich das letzte Mal durch die Vollnarkose bei meiner Blinddarm-OP 1969 geschlafen.

»Da hast du aber schön geschlafen«, Erika steht direkt neben mir. »Wie schön du dich fallen lassen kannst, Rosa.« Ich sehe verdattert die anderen an, die mich anerkennend anstrahlen. Claudia streckt sogar ihren Daumen nach oben.

»Ich schlafe sonst ganz schlecht«, sage ich in die Runde, während ich mich langsam aufrappele. Alle lachen, weil sie denken, es sei ein Scherz. Das glauben Günther und Julia nie, dass *ich* hier die Vorzeigeschläferin war!

Bei der Abschiedsrunde frage ich, ob Erika vielleicht mit ihren Klangschalen jeden Abend an meinem Bett sitzen könnte, woraufhin wieder alle lachen. Das! War! Kein! Scherz!

Als ich mit dem Fahrrad wieder nach Hause fahre, finde ich das fast schon gemeingefährlich. Ich bin noch so benebelt, dass ich mich richtig konzentrieren muss. Eigentlich müsste die Volkshochschule wie bei Medikamenten auf dem Beipackzettel einen Warnhinweis herausgeben: »Nach der Klangschalenentspannung mit Erika muss mit einer Beeinträchtigung der Fahrtüchtigkeit gerechnet werden.«

Vielleicht könnte mich ja auch Günther jeden Abend in den Schlaf gongen. Oder lag es an dem Gesamtpaket? Sehe schon, wie Günther sich jeden Abend eine weiße Leinenhose und ein Leinenhemd anzieht und dann mit einer Klangschale auf dem Schoß sagt: »Namasté, Rosa.« Klong.

Hihi, bin auf jeden Fall so tiefenentspannt wie schon lange nicht mehr. Das Klassentreffen morgen kann kommen!

Ach ja, ein Tusch: Ich habe übrigens doch noch ein Outfit gefunden! Bis letzte Woche dachte ich, dass die Zur-Not-Bluse herhalten müsste, aber auf dem Weg in die Stadt kam ich an einem Secondhandladen vorbei. Und was trug die Puppe im Schaufenster? Ein perfektes Klassentreffen-

Outfit: eine luftige beigefarbene Hose und dazu eine hübsche weiße Bluse mit ganz dezenten Rüschen an der Knopfleiste. Als ich es anprobierte (»Würden Sie einmal kurz die Dame im Fenster … äh … ausziehen?«), konnte ich mein Glück kaum fassen: Es saß wie angegossen und kostete zusammen nur 38 Euro.

Ich habe einen Lauf!

Montag, 28. August

Großer Gott, habe ich einen Kater. Kopfschmerzen. Übelkeit. Und dann dieser Schwindel, sobald ich versuche aufzustehen. (Es ist fast elf, und ich liege noch im Bett…)

Ich werde alt.

Nun gut, ich bin alt.

Obwohl… eigentlich fühle ich mich so jung wie seit Langem nicht.

Der Reihe nach.

Als mich Günther gestern Nachmittag zur Schule fuhr, war ich doch ziemlich nervös. (Die Wirkung der Klangschalen hatte dummerweise über Nacht nachgelassen.)

Wie gesagt, ich hatte einen Riesenbammel vor der Vorstellungsrunde und schwankte zwischen den Optionen »Ich habe eine Tochter und einen Rentner« und »Ich bin's die Rosa und gebe direkt mal weiter«. O Gott.

Günther drückte mir beim Abschied auch noch bedeutungsschwer die Hand, als würde ich in den Krieg ziehen, und sagte mit fester Stimme: »Das wird schon.«

Mit etwas wackeligen Beinen stieg ich aus dem Auto aus, winkte Günther noch einmal zu, der mir aufmunternd zunickte, und betrat nach wenigen Minuten das Schulgebäude. Sofort kamen alle Erinnerungen von damals wieder hoch: die strenge Frau Allmeier, die einen sofort in die Ecke stellte, wenn man nur ein wenig mit dem Nachbarn geflüstert hatte. Die Sportstunde, in der ich mich bei der Rückwärtsrolle so verdreht hatte, dass ich von zwei Leuten von der Matte getragen werden musste. Der Chemiesaal, in dem es so sehr nach Schwefel stank, dass mir in jeder Stunde übel wurde.

Ich war so in Gedanken versunken, dass ich gar nicht bemerkte, wie Inge plötzlich vor mir stand. »Huhu, Rosa! So schnell sieht man sich wieder«, sie wedelte vor meinem Gesicht mit den Armen und drückte mich. »Bist du auch so aufgeregt?«

»Frag nicht nach Sonnenschein, ich denke seit Wochen an nichts anderes.«

Inge lachte. (Komisch, dass die Leute immer denken, ich mache Scherze.) Sie hakte sich bei mir unter, und wir gingen zusammen in den ersten Stock. Unser erster Klassenraum war der Treffpunkt für die geplante Führung durch die Schule.

»Schick siehst du aus«, sagte Inge und zwickte mich in die Seite. Fast hätte ich an dieser Stelle das Outfitdrama im Zeitraffer erzählt, doch ich riss mich zusammen und sagte nur: »Danke, du auch!«

»Und was sagst du zu Joachims Fotos? Die waren doch

zum Schießen, oder? Wie gut, dass du jetzt auch in unserem Verteiler bist.« Fast hätte ich an dieser Stelle das E-Mail-Drama im Zeitraffer erzählt, doch ich riss mich zusammen und sagte nur: »Auf jeden Fall!« Musste Inge ja nicht gleich auf die Nase binden, welche Katastrophen ich in den letzten Wochen erlebt hatte.

Im Klassenraum warteten schon die anderen. Und was soll ich sagen? Das war meine Klasse – nur in alt! Gudrun erkannte ich sofort an ihrer Lache, Gabriele und Elisabeth gluckten zusammen (wie früher), Jutta war zwar ordentlich ergraut, hatte aber immer noch dieselben strahlend blauen Augen wie damals, und auch die »Jungs-Clique«, gut, vielleicht sollte ich nun lieber »Altherren-Zusammenkunft« sagen, bestehend aus Horst, Uwe und Klaus, erkannte ich sofort. Die drei standen am Fenster und sprachen gerade etwas in die Kamera – die Bernd in der Hand hielt. (Noch so ein Filmrentner! Musste ich nachher Günther erzählen!)

Als Inge und ich den Raum betraten, gab es von allen Seiten ein großes Hallo! Horst sagte sofort (ungefragt), dass ich mich ja gar nicht verändert hätte (auch wenn's gelogen ist: Nett war's!). Und Gabriele und Elisabeth umarmten uns so stürmisch, dass Inges Rücken knackte. Mussten sehr lachen, wir waren eben wirklich nicht mehr die Jüngsten.

Während wir auf Frau Neumeier warteten (die neue Konrektorin der Schule, sie wollte uns eine Führung geben), tuschelten wir zu viert wie kleine Mädchen.

»Sag mal, ist Hans nicht da?«, flüsterte ich in die Runde. Zur Erklärung: Hans war der Schwarm der ganzen Schule gewesen, und jede von uns war heimlich in ihn verliebt (ich gebe zu: ich auch!). Er kam vom Land und war der Erste, der mit dem Moped in die Schule kam. Hach, was standen wir nach Schulschluss immer am Zaun und haben dem schönen Hans hinterhergeschaut. (Haben ihn immer Elvis genannt, da er nicht nur ebenfalls eine Tolle hatte, sondern auch so seine Hüften schwingen konnte.)

»Na, da drüben«, flüsterte Inge zurück und zeigte auf einen alten Mann in einer braunen Strickweste.

»Wo?«, fragte ich. Ich kniff die Augen zusammen, um ihn entdecken zu können.

»Na, da!«, sie zeigte wieder auf den alten Mann in der braunen Strickjacke. Das konnte nicht wahr sein. Das sollte Hans sein? Elvis?? Mein... äh... unser aller Schwarm??? Ich schluckte und sagte so tapfer wie möglich: »Ach ja, da ist er ja!« Grundgütiger.

Im nächsten Moment ertappte ich mich dabei, den Raum nach ähnlichen Gesprächsfetzen abzuhorchen. »Sag mal, ist Rosa nicht da?« – »Na, da drüben!« – »Wo?« – »Na, da!« (Ungläubiges Staunen.)

Ob jemand mich auch gerade nicht wiedererkannte? Brauchten wir etwa doch Namensschilder?

Der zweite Schock kam direkt danach zur Tür rein: Frau Neumeier, die neue Konrektorin, sah so jung aus, dass ich mich schlagartig wie eine Hundertjährige fühlte. Wie konnte dieses Kind Konrektorin sein? Durfte die überhaupt schon arbeiten? Hatte die schon einen Führerschein? Ich starrte dieses blonde, kleine, dünne, faltenfreie Etwas an. Hätte man nicht wenigstens die Älteste aus dem Kollegium für die Führung eines fünfzigjährigen Klassentreffens nehmen können? Musste schon wieder schlucken. Die hätte ja fast meine Enkeltochter sein können!

Zum Glück kam Frau Neumeier nicht die Idee, sich mit uns auf den Boden zu setzen (musste an Utes Horrorszenario denken), und zudem entpuppte sie sich noch als außergewöhnlich charmant und lustig. Nach wenigen Begrüßungssätzen hatte sie uns um den Finger gewickelt, und wir starteten zusammen die Tour durch das Gebäude.

Sagen wir mal so: Technik hatte nicht nur bei Günther und mir Einzug gehalten (vorübergehend jedenfalls), sondern auch hier in der Schule. Statt Tafeln gab es in jedem Klassenraum sogenannte Smartboards, auf denen man wie auf einem Tablett rumwischen konnte. Außerdem wimmelte es überall nur so von Computern, Kameras und Projektoren. Wenn Günther und ich wieder zum Computerclub gehen würden, könnten die glatt einen Ausflug hierher machen, schoss es mir in den Kopf. Schulausflug, im wahrsten Sinne des Wortes.

Bernd filmte unseren gesamten Rundgang, und ich erkannte Günther in … nun … seinem künstlerischen Ansatz wieder.

Schwenk auf Flur. Bernd kommentiert ins Mikro: »Hier sehen wir einen Flur.«

Schwenk auf Smartboard. Bernd kommentiert ins Mikro: »Hier sehen wir ein Smartboard.«

Schwenk auf Schild zur Cafeteria. Bernd kommentiert ins Mikro: »Hier sehen wir die Beschilderung der Cafeteria.«

»Wer zum Teufel soll sich das jemals wieder angucken?«, flüsterte Inge mir zu und kicherte.

»Du sagst es! Mein Mann nimmt … äh … nahm auch alles immer auf.«

»Warum ›nahm‹?« fragte Inge und machte plötzlich einen ganz erschrockenen Gesichtsausdruck.

»Er lebt, keine Sorge«, klärte ich auf. »Aber wir und Technik … das ist eine lange Geschichte!«

Als wir nach anderthalb Stunden fertig waren, gingen wir zu Fuß in das Restaurant Alter Krug, in dem wir einen Tisch reserviert hatten. Wie der Nachmittag weitergegangen ist? Nun, der Alte Krug ist bekannt für seinen hausgemachten Erdbeerlikör ...

16.30 Uhr

Wir blättern in der Menükarte, und Wirtin Ilse stellt jedem ungefragt einen Erdbeerlikör auf den Platz. »Suchen Sie in Ruhe aus, ich bin gleich wieder da. Prösterchen, der geht schon mal aufs Haus.«

17 Uhr

Wir warten auf das Essen, und Inge beginnt mit der Vorstellungsrunde. Sie erzählt von ihrer Zeit nach der Schule in London und späterer Arbeit als Kostümbildnerin am Theater in Heidelberg. Werde immer kleiner. Na, das kann ja heiter werden.

17.30 Uhr

Das Essen ist da, und wir unterbrechen die Vorstellungsrunde vorerst. Ich fühle mich, als hätte ich noch eine halbe Stunde Galgenfrist bekommen. Wirtin Ilse hat beschlossen, dass wir noch eine Runde Erdbeerlikör gebrauchen könnten. Großer Gott, der schlägt an.

19 Uhr

Vorstellung gut gemeistert. Weiß nicht mehr, was ich gesagt habe. Aber alle klatschen.

19.30 Uhr

Bernd kommt mit einem Tablett voll Erdbeerlikör-Gläschen an den Tisch. »Kinder, ich hab da mal was organisiert.« Dürfen erst trinken, wenn er mit der Kamera startklar ist. Auf seinen Zuruf »Uuuuuuund Action!« trinken wir zeitgleich. Danach Lachkrampf.

20 Uhr

Klaus beugt sich zu mir rüber. »Man könnte sich immer noch in dich verlieben, Rosa«, flüstert er.

21 Uhr

Gabriele und ich beugen uns zu Hans rüber und gestehen ihm, dass wir früher in ihn verliebt waren und ihn immer Elvis genannt haben.

21.15 Uhr

Elisabeth gesteht Hans, dass wir alle seine Strickjacke furchtbar finden.

21.20 Uhr

Lachkrampf, Klappe, die Zweite. Hans knöpft sich in Zeitlupe die Strickjacke auf und kichert: »Darauf ein Likörschen!«

22 Uhr

Gestehe der Runde, dass Günther und ich einen technikfreien Monat nach unserer Facebook-Party vereinbart haben und ich heimlich an den Verteiler schreiben musste. Inge juchzt: »Rosa kommt ins Gefängnis!« Lachkrampf, Klappe, die Dritte.

22.30 Uhr
Ich halte ein flammendes Plädoyer für E-Mails. Es gipfelt
in dem Ausruf: »Was würden wir nur ohne sie tun?!«

23.30 Uhr
Bernd filmt immer noch. »Mensch, Bernd«, ruft Uwe.
»Mach das Ding doch mal aus. Zu so später Stunde wol-
len wir mal off the record sprechen.«

»Off the record«, kichert Gabriele. »Soso, der feine
Herr spricht englisch.« Lachkrampf, Klappe, die Vierte.

0.10 Uhr
Inge hat Wirtin Ilse dazu gebracht, Helene Fischer im Gast-
raum anzumachen.

0.30 Uhr
Eine neue Runde Erdbeerlikör kommt.

1 Uhr
Wir machen zu *Herzbeben* eine Polonaise.

1.30 Uhr
Ernste Gespräche zum Abschluss. Wir gestehen uns, dass
wir alle Bammel vor der Vorstellungsrunde hatten. Und
Inge erzählt, dass sie in London die ganze Zeit todunglück-
lich war. Gabriele sorgt wieder für Aufheiterung. Sie ruft:
»Jetzt will ich aber Elvis küssen!«

2.20 Uhr
Erschöpft und glücklich ins Bett gefallen.

Dienstag, 29. August

Das Klassentreffen war ein richtiger Jungbrunnen. Obwohl ich wieder nur fünf Stunden geschlafen habe (ich war einfach so aufgedreht, wo sind die Klangschalen, wenn man sie braucht?!), fühle ich mich hervorragend. Ich zähle schon die Tage, wann dieser technikfreie Monat endlich vorbei ist und ich in den Verteiler schreiben kann, wie nett das Treffen doch war!

Kurze Anekdote am Rande: Habe heute Helga getroffen, die frühere Nachbarin von Ute. Sie war mit zwei Tüten schwer beladen.

»Du warst ja im Shoppingrausch, was?«, lachte ich.

Helga erzählte, dass sie Lichtspiele für den Garten gekauft habe. Für ihre Katzen.

»Und ich dachte, du hättest für dich zugeschlagen!«

»Ach, weißt du, Rosa. Ich gehe ja auf die siebzig zu. Da geht die Reise nur noch nach innen. Ich brauch nichts mehr.«

Traute meinen Ohren nicht.

Gerade hab ich das Gefühl, dass bei mir die Reise erst losgeht.

September

»In sieben Schritten zum
Kompressionsstrumpf-Rezept«

Freitag, 15. September

Utes Theorie ist bewiesen: Die Stimmungen in einer Ehe
sind wie eine Wippe. Schwächelt der eine, dreht der andere
auf. Und umgekehrt.

Bei uns ist es genauso: Ich erlebe meinen zweiten Frühling. Und Günther hat Krampfadern.

Das ganze Drama begann letzte Woche. Ich hatte mich mit
Ute im Café getroffen, um ihr vom Klassentreffen zu erzählen. (O-Ton Ute: »Ich will al-les wissen.«) Natürlich sparte
ich kein Detail aus, und so saßen wir über zwei Stunden
kichernd im Café Gottschalk und haben neben Schwarzwälder Kirschtorte und Käsekuchen von der jungen Rektorin bis zum alten Elvis alles noch einmal Revue passieren lassen. Als ich ihr von der Polonaise beichtete, konnte
sich Ute vor Lachen nicht mehr einkriegen. Wir juchzten
so laut, dass zwei Mitzwanzigerinnen am Nebentisch spie-
ßig zu uns rüberguckten. Kurz: Als ich nach Hause kam,
hatte ich ziemlich gute Laune.

»Du kommst aber spät«, brummte Günther schmallip-
pig, der vor dem Fernseher saß. Er drehte sich zu mir um
und sagte staatstragend: »Ich habe Halsschmerzen.«

Diese drei Worte waren der Beginn einer klassischen
Männergrippe: von außen leichter Schnupfen, in der Wahrnehmung des Mannes lebensbedrohlicher Zustand kurz vor

dem Exitus. Eine Woche lang lag Günther flach. Wenn Sie mich fragen, war es wirklich nicht der Rede wert. Ich hätte mich in seinem Zustand noch nicht einmal aufs Sofa gelegt. Aber wahrscheinlich gilt auch hier: Wenn er etwas macht, dann macht er es richtig. Eine Woche lang schnupfte er wehleidig vor sich hin, fasste sich permanent an den Hals und wimmerte Dinge wie: »Jetzt habe ich auch noch Kopfschmerzen bekommen, es geht einmal durch den ganzen Körper durch. Was ist das bloß?«

»Ich glaube, das nennt man Erkältung.«

»Haha, sehr witzig.«

Sobald Günther krank ist (was zum Glück nicht oft vorkommt), wittert er immer die große Verschwörung. Eine einfache Erkältung kann nicht eine einfache Erkältung sein. Da muss doch mehr dahinterstecken, glaubt Günther. Julia schickte uns in den Tagen sogar eine Postkarte mit dem Aufdruck: »Mein Mann hat die Männergrippe. Familie steht versammelt in unserem Schlafzimmer, Kerzen brennen. Warten nun auf den Pfarrer.«

Julia und ich fanden das sehr lustig. Günther eher nicht so.

Am vierten Tag seiner Leidensgeschichte war übrigens der historische Moment gekommen: Unser technikfreier Monat war vorüber! Muss gestehen, dass ich mich wirklich darauf gefreut hatte. Endlich konnte ich in den Verteiler schreiben (hihi, ICH schreibe etwas in den Verteiler, klingt gut, oder?!), wie toll das Treffen war. Und eigentlich dachte ich, dass es Günther genauso gehen würde. Nun, sagen wir mal so: Er konnte seine Freude nicht so richtig zeigen.

Ich hatte zur Feier des Tages extra einen Prosecco aufgemacht und brachte ihm das verstoßene Familienmitglied auf einem Tablett. Tablett auf Tablett sozusagen.

»Schau mal, wen wir da haben«, flötete ich, als ich ins Schlafzimmer kam. »Ich präsentiere Ihnen …«, ich imitierte einen Tusch, »das Tablett!«

Günther reagierte nicht, sondern hustete theatralisch.

»Heute ist unser technikfreier Monat vorbei. Du hast wieder freie Bahn!«

Günther hustete wieder und machte eine abweisende Armbewegung. »Später, Rosa, später. Wenn überhaupt. Ich muss erst wieder zu Kräften kommen.«

Nur widerwillig nahm er schließlich doch noch einen kleinen Schluck Prosecco. Fast hätte er ihn wie in einer schlechten Clownsnummer im Zirkus im hohen Bogen wieder herausgeprustet. Zusammen mit seinen Isla-Moos-Pastillen sei der Alkohol »eine toxische Mischung«.

Abends saß ich gerade am Wohnzimmertisch und schrieb eine E-Mail an den Verteiler, als ich plötzlich Schritte auf der Treppe hörte. Günther kam im Bademantel und mit Bettdecke unter dem Arm hereingeschlurft.

»Ich muss heute im Sitzen schlafen, sonst ersticke ich«, sagte er ernst und breitete sich auf dem Sessel aus. Er wickelte sich bis zum Kinn die Decke um und sah aus wie ein Eskimobaby, das sich nicht mehr bewegen kann.

»Guck mal«, sagte ich, um ihn aufzuheitern. »Wir haben anscheinend drei Millionen Euro gewonnen. Sagt zumindest, warte, ein Herr namens Takushi Mishoto. Er hat uns eine Mail geschrieben und braucht nur unsere Kontodaten, dann will er alles überweisen.«

Günther sagte nichts.

»Komm, du musst zugeben, dass das schon lustig ist«, versuchte ich es noch einmal.

Günther starrte mich an. »Dass du dafür jetzt einen Kopf hast. Es geht hier ums nackte Überleben... na ja, nicht ganz... aber gut fühl ich mich nicht. Ganz und gar nicht!«

Eine Woche später war Günther zwar wieder voll und ganz auf dem Damm, allerdings ging es gleich weiter zum nächsten Wehwehchen. Er hat schon seit ein paar Jahren Krampfadern, eigentlich keine große Sache. Aber neuerdings hat er doch hin und wieder Schmerzen, weswegen er sich einen Termin beim Venenspezialisten hatte geben lassen.

»Das wird schon«, sagte ich, als ich ihn zur Praxis fuhr und er ausstieg. (Den gleichen Satz hatte Günther ja gesagt, als er mich zum Klassentreffen brachte. Wenn der Arztbesuch nur halb so lustig... nun, die Wahrscheinlichkeit, dass Günther gleich mit den anderen Patienten eine Polonaise zu Helene Fischer... muss immer noch lachen, wenn ich dran denke, was war das für ein schöner Abend!)

Zurück zum spaßbefreiten Arztbesuch. Obwohl – einer hatte Spaß. Der Venenspezialist! Er hatte Günther Krampfadern bescheinigt, die man »als Landkarte benutzen könnte«. Er hatte das wohl lustig gefunden, Günther eher nicht so. Ärzte haben manchmal aber auch einen speziellen Humor. Die Krampfadern seien zwar nicht besorgniserregend, aber trotzdem habe der Arzt empfohlen, die größte entfernen zu lassen. Nächste Woche hat er einen Termin im Krankenhaus.

Kurz: Günthers Laune ist seit zwei Wochen im Keller.

Und hier kommt wieder die Wippe ins Spiel. Ich weiß, es klingt gemein. Aber Günthers Krankheiten verleihen mir ungeahnte Kräfte. Ich habe plötzlich so viel Energie, dass ich Bäume ausreißen könnte. Als er die Woche flachlag, brachte ich ihm jede halbe Stunde irgendetwas Neues ans Bett. Ich stellte immer andere Kombinationen zusammen: Taschentücher, Lutschbonbons, Rätselheft. Schüssel mit gehackten Zwiebeln (gut gegen verstopfte Nase), Flieder-beersaft, Hörbuch-CD. Zwischendurch räumte ich schnell den Medikamentenkasten auf (großer Gott, wir hatten doch tatsächlich noch Tabletten drin, die im letzten Jahrhundert abgelaufen waren!). Irgendwie gefiel ich mir in der Rolle der Kümmerin. Endlich wurde ich mal wieder ge-braucht!

Außerdem verleiht mir Klaus' Geständnis vom Klassen-treffen »Man könnte sich immer noch in dich verlieben, Rosa« nach wie vor einen Höhenflug. Ich weiß, dass das geflunkert war, aber irgendwie gehe ich seitdem ganz an-ders durchs Leben. Was so ein Kompliment doch aus-macht!

Als ich neulich in der Apotheke stand, habe ich doch tatsächlich mit einem Mann am Nachbarschalter geflirtet. Während die Apothekerin das Nasenspray für Günther holte, lächelten wir uns gegenseitig zu. Zwischendurch leicht errötet und auf die Em-eukal-Bonbons in der Aus-lage gestarrt.

Seit vierzig Jahren nicht mehr so etwas getan.

Was passiert hier bloß???

Montag, 18. September

Es geht weiter.

Ich habe eine eigene E-Mail-Adresse.

Fühle mich wie Alice Schwarzer.

Meine große Emanzipation von GüntheRosa begann Samstagabend. Günther lag auf dem Sofa und blätterte in der *Apotheken-Umschau* (passenderweise mit dem Schwerpunkt »Krampfadern«), und ich saß am Wohnzimmertisch und »checkte« auf dem Tablett unsere E-Mails. Ich weiß, ich weiß, ich habe mich lange dagegen gesträubt, aber inzwischen gehört das zu meiner täglichen Routine: Deckel aufklappen, auf Mailprogramm tippen, auf das Briefsymbol tippen, warten, nochmal tippen (manchmal nimmt der meinen Finger irgendwie nicht an), warten, und wenn dann immer noch nichts kommt, Deckel noch mal zu- und aufklappen. Danach sind auf jeden Fall neue E-Mails da! (Versteh einer die Technik! Julia behauptet steif und fest, dass der Deckel keine Rolle spielt. Papperlapapp! Ich sag immer: Wenn gar nichts mehr geht, Deckel klappen, dann ist die Welt wieder in Ordnung!)

Während Günther also tief versunken in der *Apotheken-Umschau* blätterte, klickte ich mich durch die E-Mails. Zwei Sex-Mails, zwei Sie-haben-Millionen-gewonnen-rücken-Sie-bitte-Ihre-Kontodaten-raus-Betrüger-Mails, eine Mail von Obi (woher haben die unsere Adresse?) und drei Mails über den Verteiler. Gabriele berichtete von ihren Urlaubsplänen und fragte, ob jemand ein gutes Hotel auf Mallorca empfehlen könne, Joachim schickte neue Fotos vom Klassentreffen, und Bernd reagierte auf Gabrieles Frage (Mail ging aber an uns alle): Er hatte ein Video mit dem Titel »Bernd und Susanne 2003 Cala d'Or TUI SENSIMAR« hochgeladen und schickte uns den Link dazu. »Liebe Gabriele, Susanne und ich haben uns dort sehr wohlgefühlt. Guck dir das doch mal an. Alle anderen sind natürlich ebenfalls herzlich eingeladen. Habe den Urlaub auch auf 120 Minuten runtergekürzt, passt also gut in einen Abend!«

Zugegeben, diese E-Mails waren nun wirklich nicht brisant (bis auf das eine Foto von Joachim vielleicht, auf dem wir alle mit hochroten Wangen zeitgleich den Erdbeerlikör trinken). Aber was, wenn doch mal eine andere E-Mail kommt? Nur für mich? Die Günther vielleicht nicht unbedingt lesen sollte?

»Ich glaube, ich brauche eine eigene E-Mail-Adresse«, sagte ich laut vor mich hin.

»Wie du plötzlich redest«, murmelte Günther und blätterte ohne aufzusehen stoisch weiter. (Für ihn war es offenbar ähnlich absurd, als wenn ich gesagt hätte: »Ich besteige morgen früh den Kilimandscharo.«)

Einen Tag später musste ich mir auch noch von Julia »Wie du plötzlich redest« sagen lassen. Ich hatte sie angerufen, damit sie mir eine eigene Adresse einrichtet.

»Vor ein paar Wochen hast du dich noch über Papas Mails lustig gemacht.«

»Der Kopf ist rund, damit das Denken die Richtung ändern kann«, belehrte ich sie. (Ich wusste, dass Utes Sprüchekalender, den sie mir zum Geburtstag geschenkt hatte, noch einmal zum Einsatz kommen würde!)

Hörte durch die Leitung, wie Julia auf ihrem Computer tippte.

Ungeduldig klopfte ich mit den Fingern auf die Tischplatte.

»Rosa Schmidt ist weg«, sagte sie schließlich.

»Wie? Rosa Schmidt ist weg?«

»Na ja, die Adresse Rosa.Schmidt@web.de gibt es schon.«

»Was? Wer hat die denn?«

»Na, Rosa Schmidt! Es gibt anscheinend noch eine Rosa Schmidt.«

Das durfte doch nicht wahr sein. Ich wurde in dieser Mission von meinem eigenen Namen ausgebremst.

»Du kannst doch nicht erwarten, dass es jede Adresse noch gibt, wenn du dich nach hundert Jahren dafür entscheidest.«

Ich schluckte. »Bin ich zu spät?«

»Definitiv: ja!«

Julia las mir die Alternativen vor, die noch verfügbar waren:

SC-Rosa@web.de: ausgeschieden, klang wie ein Sportverein.

online-rosa-schmidt@web.de: Ich weiß nicht ...

rosa.schmidt.2@web.de: ausgeschieden. Tiefer kann man den Finger wohl nicht in die Wunde legen, dass ich ein Nachzügler bin.

»RosaSchmidt3@web.de willst du dann auch nicht, oder?«, lachte Julia.

Habe mich schließlich notgedrungen für online-rosa-schmidt@web.de entschieden. Hauptsache, ich habe eine eigene Adresse. Besser spät als nie. Fühle mich richtig befreit! Jetzt kann ich schalten und walten, wie ich will!

Habe auch gleich die ersten Mails von meiner eigenen (!) Adresse geschrieben.

An Ute: »Hallo Ute, der Name sagt es schon, ich bin online! Bitte immer fortan an diese Adresse schreiben. Danke. Und wie geht es dir sonst so? Das Wetter ist ja noch gut. Wir bleiben in Kontakt. Gruß, Rosa«

An Julia: »Hallo Julia, danke für deine Hilfe. Ich weiß nicht, was ich schreiben soll. Wir haben ja gerade telefoniert. Mach es gut. Deine Mama«

An Günther: »Huhu Günther, du liegst gerade auf dem Sofa. Überraschung! Ich habe eine eigene Adresse. Bin so gespannt, was du sagst. Wink doch mal, ich seh dich doch! Rosa«

Gleich danach Günther gefragt: »Sag mal, willst du nicht mal wieder was am Tablet machen?«
»Weiß nicht.«
»Du könntest ja auch mal E-Mails abrufen«, flötete ich und konnte ein Schmunzeln nicht unterdrücken.
»Nö, jetzt nicht.«

Na toll, ich hätte ja so gern sein Gesicht gesehen, wenn er eine E-Mail von mir entdeckt! Trotzdem, lasse mir die gute Laune nicht nehmen. Fühle mich wie eine echte Pionierin. Zugegeben, es gibt eine Rosa Schmidt, die vor mir

auf die Idee kam, sich eine eigene E-Mail-Adresse einzurichten, aber wenn ich mir die Adressen in unserem Verteiler so ansehe, werde ich das dumme Gefühl nicht los,
dass viele in einer Gemeinschaftsadresse gefangen sind.
MichaelKarin@t-online.de, Bernd_Susanne_Harmsen@web.
de oder GabrieleJürgen1950@t-online.de lese ich da.

Mein Gott, was ist denn mit dem Briefgeheimnis? Ist denen das schnuppe?

Sehe schon, dass ich noch zur echten Missionarin werde
und bald mit einem Plakat auf dem Marktplatz stehe und
skandiere: »Frauen brauchen eigene E-Mail-Adressen.«
Gut, kann man schlecht singen. Vielleicht eher »E-Mails
für Frau-en, E-Mails für Frau-en!«

Mittwoch, 20. September

Ein mürrischer Mann mit Sporttasche, zwei Sudoku-Blö-
cken und drei Ausgaben der ZEIT wurde heute ins Krankenhaus eingeliefert.

Es war Günther.

»Das wird schon«, sagte ich, als wir die Empfangshalle
betraten. (Zweites »Das wird schon« in zwei Wochen…
klassischer Rentneraufmunterungsspruch?)

»Mmh«, brummte Günther nur.

Die Gefäßchirurgie befand sich im Seitentrakt. Während
wir durch die Flure gingen, spürte ich, wie ich heimlich

nach Dr. Friedrichsen Ausschau hielt. Hatte mir schon genau ausgemalt, was ich sagen würde: »Ach nein, das ist ja was! Sie hier!?« (Gespieltes Erstaunen.) »Aber da ich Sie gerade sehe: Meine Tante heiratet ja im November. Sie haben ihren Zukünftigen im Frühjahr behandelt. Erinnern Sie sich? Wäre es nicht wunderbar, wenn Sie zur Feier kommen würden? Sie können auch gerne Ihre Frau mitbringen.«

Danach: Gewappnet für zwei Varianten.

Variante A: Dr. Friedrichsen antwortet so etwas wie: »Das ist nett, ich komme gerne. Aber Sie müssen lediglich mit mir vorliebnehmen, denn ich bin alleinstehend.« Ich daraufhin: »Ach, das ist ja herrlich! Ich freue mich! Und *Sie* sind alleinstehend? (Gespieltes Entsetzen.) Das kann ich mir gar nicht vorstellen ... (berühre ihn zufällig am Unterarm) ... Meine Tochter Julia kommt auch, müssen Sie wissen. Sie ist eine ganz tolle junge Frau ... (Gespieltes Lachen.) Ach, ich rede mich schon wieder um Kopf und Kragen (geflötet!). Herr Dr. Friedrichsen, wir sehen uns! Herrlich, das wird ein Fest!«

Variante B: Dr. Friedrichsen antwortet so etwas wie: »Danke für die Einladung, Susanne und ich kommen gerne!« Ich daraufhin: »Ich schicke Ihnen die genauen Daten noch einmal zu. Schönen Tag noch.«

Ich war so in Gedanken versunken, dass ich gar nicht mitbekam, wie wir plötzlich die Station erreicht hatten. (Dr. Friedrichsen war uns natürlich bis dahin NICHT über den Weg gelaufen.)

Günther klopfte lustlos am Schwesternzimmer, das direkt hinter dem Eingang auf der linken Seite lag. Eine

Krankenschwester mit Klemmbrett unter dem Arm schoss uns entgegen. »Ja, bitte?«, fragte sie hektisch und notierte sich etwas, ohne zu uns aufzusehen. Na, das war ja ein Empfang. Schielte zu Günther rüber. Seine Laune war am Tiefpunkt.

»Schmidt«, sagte er. »Günther Schmidt. Ich kriege morgen meine Krampfader entfernt.«

Die Schwester schoss zurück ins Zimmer, wir hörten sie in Unterlagen rascheln. Zehn Sekunden später schoss sie wieder zu uns zurück. »Zimmer fünf. Der Narkosearzt kommt nachher noch mal, um alles zu besprechen.« Weg war sie.

»Ist doch nur für eine Nacht«, flüsterte ich Günther aufmunternd zu. »Morgen bist du schon wieder draußen.«

»Mmh«, brummte er wieder. Seine Laune war am Tiefpunkt. Also, ich meine, noch tiefer als der Tiefpunkt.

Ein paar Zimmer neben dem Schwesternzimmer lag die Nummer fünf. Günther klopfte, und da niemand antwortete, öffnete er die Tür. Es war ein Zweibettzimmer (war beruhigt, denn in der Klinik gibt es auch viele Dreierzimmer!) und hatte einen freien Blick in den Park (war noch beruhigter, denn einige Zimmer gehen auch trübsinnig zum Innenhof raus). Das Bett am Fenster war offenbar belegt, die Decke war zur Seite geklappt, und auf dem Nachttisch stapelten sich Zeitschriften, Taschentücher und ein riesiger 1.-FC-Köln-Wimpel als Aufsteller.

Zwei Sekunden später wussten wir auch, zu wem all der Kram gehörte: Die Tür zum Badezimmer sprang auf, und ein etwas untersetzter kleiner Mann in unserem Alter kam heraus. Er warf einen Blick auf Günthers Sporttasche und strahlte: »Ah, ein Leidensjenosse! Herzlich willkommen.

Isch würde sagen: Die Welt ist ein Irrenhaus, und hier ist die Zentrale!« Er lachte so stark, dass er nach Luft japsen musste und hustete.

Nach einer Vorstellung (Günther Schmidt – Hermann, Rosa Schmidt – Hermann) erfuhren wir noch mehr von dem Mann ohne Nachnamen, der sich als ausgesprochen redselig entpuppte. Hermann war Kölner im Exil. Er war vor zwei Jahren wegen seiner Tochter hierhergezogen. »Aber die ward net mehr jesehen«, lachte Hermann und schüttelte sich. »So sind se die Blagen: Vater da, und ab auf Tauchstation!« Er lachte wieder. »Ham wa ja früher auch jemacht, wat?!«

Er schlug Günther kumpelhaft auf den Oberarm, und Günther antwortete mehr oder weniger locker: »Äh, eigentlich nicht.«

Hermann lachte. »Der Mann jefällt mir!« Seit fast einer Woche war er im Krankenhaus. »Isch hab...«, er schloss konzentriert die Augen, »...arterielle... ne... peri... na... periphere Arterien... nee, jetzt aber... pe-ri-phe-re ar-te-ri-el-le Verschlusskrankheit. Ja, dat war's.« Er lachte. »Macht Eindruck, wat?«

»Dass Sie sich das merken können«, sagte ich anerkennend. (Wirklich, ich kann mir nicht einen einzigen medizinischen Ausdruck merken!)

»Heißt auch Schaufensterkrankheit, weil dat alles so wehtut, dass man immer stehen bleiben muss«, sagte Hermann und schüttelte sich wieder vor Lachen. »Die Ärzte ham Sprüche drauf, wat?«

»Dann wünschen wir gute Besserung«, sagte ich, und Günther nickte ernst.

Hermann lachte. »Ach, es hätt noch immer jot jejange,

sag isch dazu!« Er setzte sich an den Tisch am Fenster und schlug die *BILD*-Zeitung auf. »Jibbet hier im Leseraum, Jeschmack ham se ja!« Er zwinkerte mir zu.

»Nachher kommt noch mal der Narkosearzt vorbei«, sagte Günther schließlich, um auch mal was von sich zu erzählen.

Hermann schlug lachend mit der Hand auf den Tisch. »Hier kommt niemand vorbei«, japste er. »Dat is et ja.‹«

»Wie? Hier kommt niemand vorbei?«, fragte Günther.

»Vier Sätze darfste einem Arzt nie glauben: Erstens: ›Tut nicht weh‹«, Hermann johlte. »Zweitens: ›Dauert nicht lange‹«, er hielt sich den Bauch, »Drittens: ›Ich mach das schließlich nicht zum ersten Mal!‹ und viertens …«, Hermann wischte sich Lachtränen aus den Augenwinkeln, »… viertens …«, er schnappte nach Luft und prustete nach einer Weile: »›Komme gleich wieder.‹« Er brüllte vor Lachen. »Die kommen nämlisch nie wieder!«

Günther und ich sahen uns an. Hermann war kurz vor dem Erstickungstod. Sollten wir einen Arzt rufen, weil Hermann kaum noch Luft bekam?

»Ich würde das nicht so pessimistisch sehen«, sagte Günther.

Hermann johlte: »Der war joot!«

Irgendwie erinnerte mich Hermann an Günthers und meine Parkplatzsuche in Köln vor ein paar Jahren. Wir wollten Julia besuchen und waren extra früh losgefahren, um nicht so spät bei ihr anzukommen. Dummerweise gerieten wir auf der Strecke in einen Riesenstau und kamen prompt in Köln an, als der Feierabendverkehr schon durch war – und alle Parkplätze weit und breit belegt waren. In den folgenden anderthalb Stunden durchlebten wir verschiedene Phasen. Phase 1: Wo ist das Problem? Man überblickt noch nicht das Ausmaß und macht naiv-unbekümmert einfach weiter. Phase 2: Was zum Teufel? Allmählich bekommt man einen Eindruck von der ausweglosen Situation. Phase 3: Klassische Wut! Das darf doch alles nicht wahr sein. Phase 4: Trotz. DAS MUSS MÖGLICH SEIN!

Kurz vor dem totalen Durchdrehen (Phase 6) fingen wir plötzlich aus heiterem Himmel an zu lachen und konnten uns nicht mehr einkriegen. Wir drehten Runde für Runde um den Block und gackerten uns grundlos weg. Wahrscheinlich ist das so eine Art Schutzmechanismus der menschlichen Psyche: Vor dem Zusammenbruch geht's noch einmal wie in einem Rausch in die andere Richtung.

Sah Hermann an. Und wenn er wirklich schon viel zu lange hier war und auf eine Behandlung wartete?, schoss es mir durch den Kopf. Man hätte ihn mal vor einer Woche sehen müssen. Ob sich sein Zustand seitdem verschlimmert hat? Guckte Hermann mitleidig an, der putzmunter am Tisch saß und immer noch kichernd in der *BILD*-Zeitung blätterte.

Vielleicht war er aber auch immer so?!

Schaute auf die Uhr und bekam einen Schreck. Ich musste ja los! Hatte Tante Lotti versprochen, noch vor dem Abendessen bei ihr vorbeizuschauen.

Ich zog mir meine Jacke an und machte mich fertig zum Aufbruch.

»Du gehst schon?«, fragte Günther kleinlaut.

»Werden dat Ding schon schaukeln«, sagte Hermann aufmunternd.

Günther warf mir einen flehenden Blick à la »Lass mich

nicht alleine« zu. Seine Laune war auf dem Tiefpunkt. Tiefer als tiefer vom Tiefpunkt.

Zum Abschied sagte ich: »Das wird schon!« Das wird schon, Klappe, die Dritte.

Günther gab das obligatorische »Mmh« von sich und Hermann winkte gut gelaunt. »Tschö mit ö, Rosa!«

Donnerstag, 21. September

Was für ein Auf und Ab der Gefühle. Den ganzen Vormittag über saß ich am Tablett. Ich habe es doch tatsächlich geschafft, fast ein ganzes Fotoalbum von früher abzufotografieren und über den Verteiler zu mailen. Hätte man mir das vor ein paar Monaten gesagt – ich hätte denjenigen einweisen lassen. Aber ich habe richtig Schlag drauf. Und das alles mit einer eigenen E-Mail-Adresse. Wenn so eine Kommission mal wieder auf der Suche nach neuen Weltwundern ist, nominiere ich mich einfach selbst. Hihi, Rosa Schmidt und die Pyramiden – absolut gleichwertig, würde ich sagen!

Richtig gut gelaunt fuhr ich nach dem Mittagessen ins Krankenhaus, um Günther abzuholen. Der Eingriff sollte ja um elf Uhr stattfinden, und nach einer kurzen Ruhezeit dürfte er schon wieder nach Hause gehen, hieß es im Vorfeld. Wenn wir Glück hatten, wären wir also rechtzeitig zur *Küchenschlacht* zurück. Hatte extra noch leckeren Streusel-Marzipan-Kuchen gekauft, den Günther so gern mag. Und der Akku vom Tablett war voll aufgeladen.

Wäre doch gelacht, wenn er nicht mal wieder was damit machen würde und dann auch wieder besser gelaunt wäre.

Als ich im Krankenhaus ankam, wurde jede Hoffnung im Keim erstickt. Günther war noch gar nicht dran gewesen! Zwei Notfälle waren dazwischengekommen, und seit zwei Stunden hatte sich niemand mehr blicken lassen, um zu sagen, ob das heute noch was werden könnte. Günther saß mit Hermann am Tisch am Fenster. Beide lasen in der BILD-Zeitung, jeder hatte einen Teil vor sich ausgebreitet.

»Hermann hat absolut recht«, sagte er. »Hier kommt niemand vorbei.«

Hermann lachte. »Dein Gatte ist in den Brunnen der Erkenntnis jefallen!«

Günther war nicht zu Späßen aufgelegt. »Ich hab so einen Hunger«, maulte er. Seit gestern Abend durfte er nichts mehr essen, und da er eventuell heute noch drankommen sollte, musste er immer noch durchhalten. »Ich kann nicht mehr. Gleich beiß ich in die Gardine.«

»Und wie hast du geschlafen?«, fragte ich, um ihn abzulenken.

Günther zeigte auf Hermann. »Er schnarcht.«

Hermann schüttelte lachend den Kopf. »Günther, wat erzählste da? Isch schnarche net, isch schnurre.«

Der restliche Nachmittag ist schnell erzählt.

Um Viertel vor zwei kam eine Schwester rein und sagte, dass der Eingriff endgültig auf morgen Vormittag verschoben wurde. Kurz danach stopfte sich Günther drei Stück Kuchen und unzählige Kekse rein, die ich vom Wagen auf dem Flur stibitzt hatte.

Und um zwei Uhr guckten wir alle drei die *Küchenschlacht*. Also, Günther und ich guckten, und Hermann quatschte dazwischen. Er kannte die Sendung nämlich nicht und fühlte sich dazu berufen, jedes Detail des Konzepts zu kommentieren.

»Wie? Versteh isch net? Wieso kochen die denn alle wat anderes?«

»Ach so, die waren alle schon mal da, oder wat?«

»Und wer ist de Blötschkopp in der Mitte?«

»Dat is ja Kokolores, oder wat jitt dat, wenn es fädich ist?«

Eigentlich waren Günther und ich die ganze Zeit nur damit beschäftigt, Hermann die Sendung zu erklären.

»Wenn ich nicht mitkriege, was der Profi sagt, raste ich aus«, zischte Günther mir zwischendurch zu. Die Nerven lagen blank. Nach diesem kurzen Aufbrausen verfiel er jedoch in die alte Lethargie. Er setzte sich ans Fenster und schaute mit leerem Blick ins Grüne.

Und schließlich endete der Nachmittag mit dem folgenden Dialog:

»Soll ich dir später noch mal zur Ablenkung das Tablett vorbeibringen?«

»Nee. Bloß nicht.«

Abends
Lange mit Irene telefoniert.

»Ich glaube, Günther hat eine Depression entwickelt. Er ist schon eine Weile angeschlagen, weil er ja in letzter Zeit kränkelt. Aber stell dir vor, jetzt will er sogar nichts mehr am Tablett machen. Gar nichts mehr!«

Irene erkannte sofort den Ernst der Lage. »Das ist ja furchtbar, Rosa. Ich sprech mal mit Kurt, vielleicht hat der noch eine Idee, wie wir ihn aufheitern können.«

Eine Stunde später

Irene ruft an. Kurt habe angeboten, Günther die Lkw-Spedition zurückzugeben. Er müsse lediglich noch einen Auftrag abwickeln. (»Das würde Kurt gerne sauber zu Ende führen.«) Doch dann stehe einer Übergabe nichts mehr im Weg.

Freitag, 22. September

Nur ganz kurz, muss gleich noch mal ins Heim. Der Pastor kommt vorbei, um ein Vorgespräch mit Tante Lotti und Wilhelm Reinke zu führen, und ich will ihn noch abfangen, um noch ein paar organisatorische Sachen mit ihm zu besprechen.

Also, Kurzfassung: Günthers Eingriff fand heute Morgen statt. Es hat alles gut geklappt, und nach dem Mittag konnten wir schon nach Hause fahren. Zwischen Günther und Hermann hat sich gemäß dem Motto »Schlechte Zeiten schweißen zusammen« eine Art Freundschaft entwickelt. Auf jeden Fall wollen sie Kontakt halten, und Hermann besteht darauf, mit ihm einmal nach Köln zu fahren, um ein Spiel des 1. FC Köln anzusehen. Günthers Einwand, er interessiere sich nicht sonderlich für Fußball, ließ Hermann nicht gelten. »Jede Jeck is anders, aber wir kriegen dich schon op de Spur!«

Nachhaltig aufgeheitert hat Hermann ihn aber nicht. Seitdem Günther zu Hause ist, sitzt er am Wohnzimmertisch und löst Sudoku-Rätsel. Oder er liegt auf dem Sofa und guckt die Tapete an.

Kurz: Aktivposten würde ich anders formulieren.

Freitag, 29. September

Vor genau einer Woche ist Günther aus dem Krankenhaus gekommen.

Sagen wir mal so, irgendwie entwickeln sich unsere Leben gerade auseinander. Oder wie Julia es formulierte: »Das ist doch echt verkehrte Welt.«

Unsere Woche im Vergleich:

	Ich	Günther
Samstag	Zweites Fotoalbum von früher abfotografiert und über den Verteiler geschickt. Kurz danach Antwort von Klaus (der »Man könnte sich immer noch in dich verlieben, Rosa«-Klaus): »Danke, liebe Rosa! ❤«	War mit Rezept für die Kompressionsstrümpfe im Sanitätshaus. Stellte sich heraus, dass das Rezept falsch ausgestellt war. Haben ihm das Merkblatt *In sieben Schritten zum Kompressionsstrumpf-Rezept* mitgegeben.

	Ich	Günther
Sonntag	Stressiger Tag. Besuch bei Tante Lotti und E-Mail-Kram. Gabriele fragte über Verteiler nach Apfelkuchenrezept. Großes Hin- und Hergemaile von allen.	Hat stumm alle vier Filme der *John Wayne Jubiläums-Box* gesehen. Hintereinander.
Montag	Günther II in der Stadt getroffen. Nette Unterhaltung. Macht sich Sorgen um Günther. Will sich zur Aufheiterung was ausdenken. Hat mich zum Club morgen eingeladen.	Mit dem Merkblatt ins Krankenhaus gefahren. Neues Rezept bekommen. Danach Sanitätshaus. Wieder gesagt bekommen, das Rezept sei falsch. Hilfsmittelnummer fehlt.
Dienstag	War wirklich allein im Club. Erst komisch, dann aber richtig nett. Interessanter Kurs über Google. Am Ende noch Kaffee mit Adapter-Gisela in Teeküche getrunken.	Wieder ins Krankenhaus, Hilfsmittelnummer wurde nachgetragen. Danach Sanitätshaus. Glaube, die duzen ihn da bald. Hatten aber keine Zeit mehr, Beine zu vermessen, Termin morgen. Frustriert.

	Ich	Günther
Mittwoch	Hab mich im Internet für drei Newsletter eingetragen. »Essen & Trinken«, »Reisebüro Reuchenberg« und »ZDF«.	Vermessung im Sanitätshaus. Dame hat gestanden, dass das Rezept wieder falsch ist. Arzt im Krankenhaus hat kein Haftband eingetragen. Hat sie illegalerweise eigenhändig nachgetragen, weil Günther kurz vor dem Herzinfarkt stand. Er bekommt jetzt das »Topband platinum«, hypoallergene Platinum-Silikon-Beschichtung mit integriertem Maschenstopp. Sanitätshausfrau: »Das nehm ich auf meine Kappe.« Günther glücklich.
Donnerstag	Mag's nicht schreiben: war wieder allein im Club. Mag's nicht schreiben: war wieder gut.	Spazierte langsam im Garten auf und ab.

	Ich	Günther
Freitag	Großer Gott, ich habe auf der Tastatur vom Tablett Emojis entdeckt. Das sind so kleine, niedliche Symbole, die man in den Text einbauen kann. Kann mich Stunden damit beschäftigen, Julia Mails zu schreiben, die fast nur noch aus Emojis bestehen.

»Hallo Julia ☺! Hier 🌧, aber Papa und ich haben eine tolle Doku gesehen über 🐄. Ganz 👍 👍 👍. Was machst du? Wie war das 🎻 🎵? Papa muss morgen noch mal ins 🏢. Ich bleibe zu 🏠. Bis bald. Deine Mama 😲😲😲« | Günther konnte fertige Kompressionsstrümpfe im Sanitätshaus abholen. »Sitzen 1A!«

Abends: stellt Strümpfe infrage. »Vielleicht hätte ich doch die offene Fußspitze nehmen sollen.«

Geht alles von vorne los??? |

Samstag, 30. September

Ein Hoch auf Günther II! Er hatte ja versprochen, sich eine Aufheiterung für Günther auszudenken. Und was soll ich sagen? Der Mann hat geliefert!

Heute Morgen kam eine E-Mail von ihm – vorausschauenderweise an mich, denn ich hatte ihm ja neulich erzählt, dass Günther gerade nichts mehr am Tablett macht.

»Hallo Rosa«, stand da. »Wir brauchen deine Hilfe für unseren konspirativen Plan. Unter diesem Link findest du ein Video, das wir vom Club für Günther gedreht haben und das wir bei YouTube eingestellt haben. Bitte öffne es und zeige es ihm. Hoffentlich sehen wir euch beide (!!!) bald wieder! Viele Grüße, Günther«.

Ich tat, wie mir befohlen wurde, und suchte mit dem Tablett unter dem Arm Günther. Fühlte mich ein wenig wie die Ehefrau, die ihrem Mann die Pantoffeln hinterherträgt. (Daran erkennt man wohl die moderne Rentnerfrau: Sie trägt E-Mails hinterher!)

Ich fand Günther im Arbeitszimmer, wo er in seinen Kompressionsstrümpfen und kurzer Hose vor dem Bücherregal stand (ein Bild für die Götter!). »Vielleicht sollte man doch alle Bücher alphabetisch nach dem Autorennamen ordnen und nicht nach dem Erscheinungsjahr.« Er sprach wie ein verwirrter Professor.

»Darum kannst du dich später kümmern«, sagte ich und drückte ihm das Tablett in die Hand.

»Du weißt doch, dass ich gerade kein Interesse ...«

»Keine Widerrede, jetzt drückst du bitte mal auf Start.«

Günther tat, wie ihm befohlen wurde, und wir beide starrten auf den Bildschirm. Das Video begann, und ich bekam Gänsehaut. Günther II, Adapter-Gisela und die anderen aus dem Club standen im Halbkreis zusammen, und jeder hatte etwas in der Hand. Günther II hielt eine Tastatur, Adapter-Gisela zwei Kabel, Jürgen eine Maus, und bei Marlies sah ich einen Laptop.

Günther II sagte in die Kamera: »Hallo Günther, wir alle von deinem Club wünschen dir gute Besserung. Und wie sagt man so schön? Ein Reim sagt mehr als tausend Worte.« Wie ein Dirigent gab er den Einsatz, und alle stimmen im Chor an:

»Lieber Günther,
die Krampfadern: Das war 'ne doofe Nummer,
am Ende sicher nix als Kummer,
auch die Facebook-Feier: sicher schwer,
am Ende gab's ja kein Halten mehr!
Doch nun ist die Trauerzeit vorbei,
Günther ist beim Computer-Club wieder dabei!
Denn: Wir stehen auf euch im Doppelpack,
das ist nach unserem Geschmack!
Also: Mach nicht einen auf steinhart.
Wir vermissen unseren Kassenwart!«

Als sie fertig waren, trat Adapter-Gisela einen Schritt nach vorne und ahmte mit der Hand einen Aufwärtshaken wie ein Boxer nach. »Komm wieder, Günther«, rief sie, und alle klatschten.

Günther und ich waren gerührt. Wir guckten uns das Video gleich noch mal an.

»Das ist ja wirklich... äh... eine Überraschung«, sagte Günther, als er seine Sprache wiedergefunden hatte. Wir klickten es noch einmal an.

Und schließlich murmelte Günther den erlösenden Satz: »Ich könnt ja auch mal wieder ein Video aufnehmen.«

Abends
Ich glaube, die Wende ist geschafft.

Günther ist wieder an Bord. Gerade hat er bei WetterOnline geguckt, ob es morgen wieder regnen soll. Und bei Facebook hat er auf seinem Profil geschrieben: »Ich bin dann mal wieder da.«

Kurz: Er interessiert sich wieder fürs Internet.

Endlich!

Zwei Sekunden später
O Gott. Habe ich gerade wirklich »endlich« geschrieben???

Oktober

Keine Zeit

Samstag, 21. Oktober

Asche auf mein Haupt. Drei Wochen kein Tagebuch geschrieben. Aber wir hatten so viel zu tun, dass ich einfach nicht dazu gekommen bin.

Was passiert ist? Um es mit Julias Worten zu sagen: »Papa ist wieder voll drauf.«

Sie meint keine Drogen.

Sie meint das Internet.

Nachdem Günther das Gute-Besserungs-Video von Günther II gesehen hatte, setzte eine Wende ein. Wir waren so gerührt, dass wir immer wieder draufgeklickt haben. Irgendwann konnten wir alles mitsprechen. Am liebsten mochte ich die Stelle, an der Gisela den Aufwärtshaken macht. »Gleich kommt wieder Gisela«, flüsterte ich immer eine Sekunde vorher, und Günther flüsterte jedes Mal zurück: »Pssst, weiß ich, pssst.«

Es müssen aber auch wildfremde Menschen das Video gesehen haben. Denn irgendwann stand darunter: 132 Aufrufe! Ich schwöre: Das waren nicht alles wir! Ein paar Tage später haben dann sogar wildfremde Menschen das Video kommentiert. Ein Thorsten Bramfeld (KENNEN WIR NICHT!) schrieb: »Gute Besserung, Günther!« Und Ron P.T.F. (KENNEN WIR AUCH NICHT!) schrieb: »Voll nice!« Kurz hatten wir Angst, dass auch Verbrecher das Video sehen und

dem anscheinend kranken und hilfsbedürftigen Rentner namens Günther zu Hause auflauern könnten, aber wir haben
genau aufgepasst: An keiner Stelle im Video wurde ersicht-
lich, um *welchen* kranken und hilfsbedürftigen Günther es
sich handelt. (Wird ja noch mehr davon geben in Deutschland.) Sind nach der Facebook-Party immer noch ein wenig
traumatisiert. Nicht auszudenken, wenn plötzlich 300 Leute
zum Krankenbesuch vorbeikommen würden. Sehe schon,
wie der Neffe von Brigitte wieder um die Ecke kommt: »Ey
Günni, altes Haus, was geht ab?!« Neinneinneinneinnein!

Wo war ich stehen geblieben? Ach ja, Günther ist wieder
der Alte. Wenn man seine Kompressionsstrümpfe nicht sehen würde, würde man denken, er habe sich seit dem Sommer nicht verändert: Er sitzt wahlweise im Arbeitszimmer
vor dem Computer, am Esstisch vor dem Tablett, oder er
steht vor seiner Videokamera und sagte Dinge wie: »Ein
herzliches Hallo aus Göttingen. Heute zeige ich Ihnen, wie
man Stauden herunterschneidet.« (An der Göttingen-Finte
hat er einen richtigen Narren gefressen. Neulich wurden
wir bei Rossmann an der Kasse für Marketingzwecke nach
unserer Postleitzahl gefragt, und Günther zwinkerte mir
zu: »Was wohl Göttingen für eine Postleitzahl hat?«)

Julia nennt Günther und mich inzwischen übrigens nur
noch »die Technik-Gang«.
Das ist nun wirklich übertrieben, aber bitte schön, fürs
Protokoll, unser Programm der letzten drei Wochen:

– Günther und ich waren dreimal zusammen im Compu-
    terclub, zweimal war Günther allein dort (ich musste an

den Tagen Ute zum Arzt fahren und im Heim bei einer Geburtstagsfeier helfen), und einmal war *ich* wieder allein im Club (Günther hatte an dem Tag Nachuntersuchung in der Klinik). Bin inzwischen – sehen wir den Tatsachen ins Auge – fester Bestandteil der »Clique«. Anscheinend bin ich auch voll im Thema, denn Günther II lobte mich vor der ganzen Gruppe mit: »Ganz, ganz tolle Frage, Rosa.« Abends sagte ich dann zu Günther: »Es war richtig spannend, du hast was verpasst.« Als ich Julia von meiner Wandlung erzählte, musste ich mir wieder eine »Siehst-du-und-erst-hast-du-dich-über-Papa-lustig-gemacht«-Standpauke anhören. Pff.
An Günthers Geburtstag waren wir übrigens auch im Computerclub. Als Günther seinen Computer anmachte, erschien auf dem Bildschirm eine riesige Geburtstagstorte und nach und nach leuchteten die Buchstaben G U E N T H E R auf (hatten die anderen animiert). Gänsehaut!

– Günther und ich haben Bücher im Internet verkauft. Günther II hatte uns neulich gezeigt, wie man so ein Programm auf dem Handy installiert, mit dem man Bücher scannen und verkaufen kann: Man hält das Handy über die ISBN-Nummer und zack – schon sagt einem das Programm, wie viel Geld man dafür bekommen würde. Großer Gott, waren wir in einem Rausch! Wir haben alle Bücher vom Dachboden und aus der Gartenlaube geholt und wie die Weltmeister gescannt. Hatten richtig Schlag drauf. Günther hat mir jedes Buch gereicht, und ich habe das Handy draufgehalten. Zugegeben, manchmal war der Erlös etwas enttäuschend.

Nur fünfzehn Cent brachten viele! Aber gemäß Günthers Schlachtruf »Es läppert sich, es läppert sich, und wir sind sie los!« haben wir munter mehr und mehr Bücher aussortiert. Richtig aufregend wurde es, wenn ein Buch, von dem man es gar nicht gedacht hätte, richtig viel Geld einbrachte. So ein oller Gedichtband, den wir mal von Tante Lotti geschenkt bekommen hatten, sollte 8,90 Euro einbringen. Auch ein Gänsehautmoment. Wahnsinn! Plötzlich sahen wir den mit ganz anderen Augen. »Doch behalten?«, rief ich panisch, fühlte mich wie eine hilflose Alte, die etwas Wertvolles auf dem Flohmarkt verscherbelt, weil sie keine Ahnung hat. Zugegeben, 8,90 Euro war jetzt kein Vermögen. Aber wenn alle anderen fünfzehn Cent einbringen? Gaben wir etwa einen Goldesel weg??? Haben uns schließlich doch dazu entschieden, das Ding zu verkaufen. Es war – objektiv betrachtet – immer noch ein oller Gedichtband.

– Wir haben mit der Vorbereitung der königlichen Hochzeit begonnen. Tante Lotti heiratet ja in drei Wochen ihr Prinzchen, und Günther hat sich vorgenommen, den ganzen Tag im Bewegtbild festzuhalten. Machen wir es kurz: Er ist inzwischen besser ausgerüstet als Steven Spielberg. Jedes einzelne Teil seines Filmequipments kann man mit dem Internet verbinden. Theoretisch wäre es möglich, dass Günther in Echtzeit aus der Kirche berichtet, quasi wie eine Liveschalte aus der *Tagesschau*. Ich habe zu bedenken gegeben, dass Tante Lotti so viel Tamtam vielleicht gar nicht möchte, woraufhin Günther ganz ernst sagte: »Natürlich werde ich mir vorher ihr Einverständnis holen, sie hat ja ein Recht am eigenen Bild.« Um jedoch gewappnet zu sein für den Fall der Fälle, aus Tante Lottis Heirat einen Hollywoodstreifen zu machen, sieht er sich jeden Abend im Internet Erklärvideos an. Vorgestern: »Wackelfrei filmen ohne Stativ«. Gestern: »Soundoptimierung in geschlossenen Räumen«. Heute: »Filmen im Auto wie? Kamera im Pkw befestigen«.

– Günther hat die Internetseite www.check24.de entdeckt. Für alle, die die Tragweite dieses harmlos klingenden Satzes nicht verstehen: Er hat die Büchse der Pandora geöffnet. Man kann nämlich auf der Seite alle möglichen Preise vergleichen: die für die Autoversicherung, Haftpflichtversicherung, Hausratversicherung, Strom und Gas, den Telefonanschluss und das Girokonto. Was keine große Überraschung ist: Günther hat natürlich prompt *alles* verglichen! Auf dem Tisch hatte er Abend für Abend die Unterlagen unserer aktuellen Verträge ausgebreitet und akribisch durchgearbeitet. Parallel klickte er wie ein richtiger Versicherungsvertreter auf der Internetseite rum und murmelte Dinge wie »Die Laufzeit gefällt mir gaaar nicht… na… geht doch… man muss wissen, wie man tricksen kann!« vor sich hin. Das Fazit: Wir haben jetzt jeden Anbieter gewechselt, und Günther hat in einer Excel-Tabelle alle Wechselprämien und Neukundenbonusse – gibt es dieses Wort? – eingetragen. Wenn er richtig gerechnet hat, sparen wir pro Jahr 523,96 Euro. Haben darauf einen Sekt aufgemacht. Günthers Fachwissen hat sich auch schon in der Nachbarschaft rumgesprochen. Bald will Brigitte rüberkommen, um sich über eine Hundekrankenversicherung für Eddie zu informieren.

Ach ja, Kurt wollte ja Günther seine Lkw-Spedition zurückgeben. Bevor es so weit kommen konnte, hatte Günther II aber schon das Video eingestellt, und Günther war wieder der Alte. Er hat Kurts Angebot mit den Worten »Wann soll ich das denn noch schaffen?« abgelehnt. Irene sagte daraufhin erleichtert: »Ich glaube, Günther ist über den Berg.«

November

Halleluja!

Mittwoch, 1. November

Was für ein Stress. Noch zehn Tage bis zur königlichen Hochzeit. Oder wie es Tante Lotti neulich mit trockener Miene ausdrückte: »Der Countdown läuft.« (Wo hat sie nur immer diese Ausdrücke her???) Günther hatte daraufhin die Idee, sich die Internetseite www.tantelottiundwilhelmreinke.de zu sichern und eine Art Countdown zu programmieren (im Club hat er letztes Wochenende ein Programmierseminar besucht). Jeden Tag würde dann dort in Großbuchstaben »NOCH SECHS TAGE«, »NOCH FÜNF TAGE«, »NOCH VIER TAGE« etc. zu sehen sein. Mehr nicht. (Mehr *kann* Günther nicht programmieren.)

Zwei Einwände meinerseits haben die Idee schlussendlich zu Fall gebracht.

Meinen ersten – »Was soll das?« – konterte er noch mit: »Glaub mir, Rosa, das könnte Kult werden.« Der zweite Einwand – »Wer soll jemals auf die Idee kommen, dass es diese Internetseite überhaupt gibt?« – ließ dann aber auch ihn ratlos zurück. »Du hast recht, man müsste die Presse einbinden, um Werbung für die Seite zu machen. Doch die Zeit haben wir nicht.«

Tante Lotti ist auf jeden Fall schon wahnsinnig aufgeregt und lenkt sich ab, indem sie mit der hochgradig dementen Frau Weiß auf dem Sofa im Wintergarten sitzt und immer wieder von Neuem sagt: »Wilhelm und ich heiraten ja nächste Woche«, woraufhin Frau Weiß jedes Mal ernsthaft erstaunt ruft: »Sie tun waaaaaasss?«

In Frau Weiß hat Tante Lotti einen dankbaren Abnehmer für ihre Geschichte gefunden. Bestimmt zwanzigmal hat sie ihr nun erzählt, wie Wilhelm ihr den Antrag gemacht hat und was genau zur Feier geplant ist. Frau Weiß ist immer wieder begeistert. Und Tante Lotti ist glücklich, dass sie noch einmal alles in Ruhe erzählen kann und nicht mit dem Satz »Das weiß ich doch schon« unterbrochen wird. (Schwester Marianne spricht von einer Win-win-Situation. Woher hat sie nur diesen Ausdruck? O Gott, habe ich das nicht gerade schon mal gedacht? Bin ich hier etwa weit und breit die Einzige, die nicht so moderne Formulierungen auf Lager hat?)

Wo war ich stehen geblieben? Ach ja, beim Stress. Ich muss noch Blumen fürs Taxi organisieren, Günthers Anzug in die Expressreinigung bringen, die Ringe für Tante Lotti abholen, und mit dem Club wollen wir noch ein kleines Überraschungsvideo drehen. Günther hat Tante Lotti neulich sein Aufheiterungsvideo gezeigt, das er bekommen hatte, und sie war hellauf begeistert. »Köstlich«, rief sie immer wieder und wollte schließlich genau wissen, was »dieses YouTube« sei, Tante Lotti sagte »Jutub«. Günther fühlte sich daraufhin berufen, Tante Lotti (zur Erinnerung: Sie ist 86 Jahre alt!) gleich das komplette Internet zu erklären. Einen ganzen Nachmittag saß er mit ihr im Wintergarten, und während ich den anderen Bewohnern in der anderen Ecke aus dem Märchenbuch vorlas, schnappte ich immer wieder Bruchstücke von Günthers Erklärstunde auf:

»Fünfhundert Millionen Menschen surfen im World Wide Web.« »Spammails sind tückisch, aber ich kann dir da ein paar Kniffe zeigen, wie man nicht darauf reinfällt.« »Cookies sind keine Kekse, sondern Textdateien, die besuchte Seiten speichern.« Das Fragezeichen auf Tante Lottis Stirn wurden von Satz zu Satz größer, aber sie hörte interessiert zu und seufzte in regelmäßigen Abständen ehrfurchtsvoll: »Was du nicht alles weißt, Günther.« Günther winkte gespielt ab – »nicht doch, nicht doch« –, aber ich sah, wie er sich in der Rolle des Erklärers gefiel. Endlich war *er* derjenige, der sein Wissen weitergeben konnte. Und noch dazu Computerwissen! Die Lehrstunde gipfelte in einem fulminanten Finale, von dem Günther wohl noch lange zehren wird. Tante Lotti nahm plötzlich seine Hand, drückte sie fest und sagte mit Tränen in den Augen: »Ich gestehe: Ich komme nicht mehr ganz mit, aber …«, sie stockte, »was ich dir noch sagen wollte: Wie du die Blasenentzündung von Wilhelm geheilt hast, werde ich dir nie vergessen.«

Inzwischen ist Günther nicht nur zum Computerversteher mutiert.

Nein, er ist ein Heiler!

Abends

Haben es uns gerade auf dem Sofa gemütlich gemacht, als es an der Haustür klingelt.

Es ist Julia! Hängende Schultern, tiefe Augenringe, großer Rollkoffer neben sich.

»Richard hat 'ne Neue«, sagt sie. Und fängt an zu weinen.

Zwei Stunden später

Julia hat uns alles erzählt. Auf dem Weg zur Arbeit hatte sie Richard an einer Bushaltestelle gesehen. Zunächst hatte sie noch gehofft, sie habe sich vertan, aber das war »eindeutig die Arschgeige« (Julia). Er habe »so eine billige Blondine« geküsst, die dann in einen Bus eingestiegen wäre und ihm dann noch »so richtig dämlich« durch die Scheibe zugewunken habe. »Wie ein ferngesteuertes Auto« sei Julia erst weitergelaufen, aber schließlich fing sie so an zu weinen, dass die Frau von Bäcker Merzenich sogar rauskam und fragte, ob alles in Ordnung sei. Laut Julia ist das das Demütigendste, was einer Frau passieren kann: in der Öffentlichkeit vor Bäcker Merzenich weinen. (Keine Ahnung, was dieser arme Bäcker damit zu tun hat!) Nachdem sie sich einigermaßen beruhigt hatte, rief sie vor Ort noch in der Firma an und meldete sich krank. Durch das Weinen sei ihre Nase auch so verstopft gewesen, dass die Sekretärin nur noch gefleht habe: »Bleib bloß zu Hause!«

Und da sie zur Hochzeit ohnehin gekommen wäre, bleibt sie jetzt die nächsten zehn Tage bei uns, um sich auszukurieren. »Ich bin ja auch krank«, sagt Julia und schlingt die Wolldecke um sich, sodass nur ihr Kopf noch klein oben herausguckt. »Also mehr oder weniger jedenfalls.« Sie schluckt, und ich sehe, wie ihre Augen wieder feucht werden.

»Komm, wir machen auf den Schreck erst mal eine gute Flasche Rotwein auf«, sage ich möglichst zupackend und signalisiere Günther mit einer Kopfbewegung, eine aus dem Keller zu holen.

»Das ist doch eine gute Idee«, sagt auch Günther möglichst zupackend (obwohl ich ihm anmerke, dass er schon längst im Bett sein wollte).

»Wenn ihr meint«, murmelt Julia und sieht so bedröppelt aus, dass mir schwer ums Herz wird.

Günther ist kaum verschwunden, da hören wir ihn von Weitem rufen: »Wir haben keinen Wein mehr.« Fünf Minuten später kommt er mit einem goldenen Kasten, den eine rote Schleife schmückt, zurück ins Wohnzimmer. »Wir haben nur noch den Champagner von der Firma.« Die Flasche hat er als Abschiedsgeschenk von seinen Kollegen bekommen, als er in den Ruhestand ging, und seitdem heben wir ihn für einen besonderen Moment à la Sechser im Lotto oder ... äh ... Sechser im Lotto auf.

»Heiliger Bimbam, doch nicht den Champagner«, entfährt es mir, und auch Julia flüstert: »Der ist nun wirklich zu schade.«

Günther schüttelt den Kopf. »Den köpfen wir jetzt.«

Julia und ich sehen uns ungläubig an. Das letzte Mal, dass Ich-bin-so-vernünftig-Günther zu Ich-bin-dann-mal-verrückt-Günther wurde, war 1969. In Amerika fand Woodstock statt und auf einer Studentenparty in Kaiserslautern sprang er in Cordhose in den Pool der Gastgeber.

»Wirklich, Papa?« Julia runzelt die Stirn. »Ich will euch wirklich nicht den guten Schampus wegtrinken.«

Günther holt wortlos den Öffner aus der Küche und löst die rote Schleife. »Schluss, aus, Mickey Maus. Der ist jetzt fällig!«

Den restlichen Abend mit Champagnertrinken und Kichern verbracht.

Schluss, aus, Mickey Maus. Mein Mann, das unbekannte Wesen.

Donnerstag, 2. November

Champagner hat auf das Gemüt doch eine kürzere Halb-
wertszeit als vermutet. Die gestern Abend noch kichernde
Julia schlurfte heute Morgen so niedergeschlagen zum Frühstück, dass wir zusammenzuckten. Zugegeben, der Gegensatz zu Günther und mir hätte auch nicht größer sein
können. Wir waren vor dem Frühstück mit unseren Fitness-
Trackern eine schnelle Runde um den Block walken und
hatten schon 3200 Schritte auf unserer Uhr. Zitat Günther:
»Heute bekommen wir den Pokal.« Fit wie ein Turnschuh
saßen wir am Frühstückstisch und fachsimpelten darüber,
ob wir uns nicht doch bald das Nachfolgemodell kaufen
sollten. (Grundgütiger, das darf ich wirklich nie jemandem
erzählen!) Nebenbei wischte sich Günther am Tablett durch
das aktuelle Regenradar, und ich hörte mich sagen: »Ich
möchte wirklich nicht mehr ohne so eine genaue Vorher-
sage leben.« (Das darf ich auch keinem erzählen! Habe das
dumme Gefühl, dass es inzwischen mehrere Sachen gibt, die
besser unter uns bleiben...)

Julia gab während des gesamten Frühstücks nur drei
mehr oder weniger vollständige Sätze von sich:

»Ihr *könnt* nicht meine biologischen Eltern sein.«

»Gut gelaunt seid ihr nicht zu ertragen.«

»Argh. Rentner.«

Nachmittags lenkte ich sie ab, indem wir für Tante Lottis
Hochzeit Geldfische falteten. Günther und ich hatten lange
überlegt, was wir den beiden schenken wollten, und uns

schließlich für Geld entschieden. (Günther hatte in einem Anflug von missionarischem Übereifer die Idee gehabt, den beiden ein Tablett zu schenken. »Glaub mir, Lotti hat neulich sehr interessiert zugehört. Ich glaube, das Thema reizt sie.« Konnte ihn mit einem beherzten Nein aber noch umstimmen.) Auch MM beteiligt sich an unseren Geldfischen. Er rief neulich an und fragte, ob wir schon eine Idee für die beiden hätten. Als wir ihm davon erzählten, dass wir uns für Geld entschieden haben, damit sie sich etwas Schönes gönnen können, war er sofort dabei. Im Zuge der »Wirschenken-etwas-gemeinsam«-Offensive hat er uns prompt das Du angeboten. Wer hätte das am Anfang gedacht, dass wir uns nach diesen Startschwierigkeiten so gut verstehen würden?

In einem alten Bastelbuch fanden Julia und ich eine Faltanleitung und verwandelten einen Fünfeuroschein nach dem anderen in einen Fisch. Stumm falteten wir vor uns hin. Herrlich! Diese Ruhe! Irgendwie hatte es schon etwas Meditatives, ganz genau die Ecken aufeinanderzulegen und dann die Faltkanten mit einem Lineal glatt zu streichen. Wäre ich mal auf diese Idee gekommen, als Günther in den Ruhestand ging und nichts mit sich anzufangen wusste. Ich hätte unsere gesamten Ersparnisse in Fünfeuroscheine eingewechselt, und Günther hätte jahrelang falten können.

»Das ist so eine Beschäftigung, mit der man psychisch gestörte Menschen ruhigstellt, oder?«, fragte Julia irgendwann, ohne aufzusehen.

»Das ist so eine Beschäftigung, mit der man Begegnungen an Bushaltestellen vergessen kann«, sagte ich und zwinkerte ihr zu.

»Ich versuch's.«

Wir waren gerade dabei, die letzten Fische zu falten, als Günther hereinkam.

»Mensch, sagt doch was, dass ihr schon angefangen habt! Ich wollte doch ein Video davon machen!« Er sah richtig enttäuscht aus.

»Du willst aufnehmen, wie wir Geldfische falten?«, fragte Julia und runzelte die Stirn.

»Ja, so was Handfestes interessiert die Leute! Außerdem habe ich schon so lange nichts mehr bei YouTube reingestellt und das wäre *die* Gelegenheit gewesen.« Beleidigt verschränkte er die Arme vor der Brust.

»Zwei Scheine haben wir noch«, sagte ich. »Julia, du bist doch gerade voll in Fahrt. Falte doch noch einen Fisch, und Papa filmt.«

Günther strahlte.

Julia sah erst mich an und dann ihn. Es dämmerte ihr, dass wir es ernst meinten.

»Das glaubt mir keiner.«

Eine halbe Stunde später hatte Günther am Küchentisch sein Kamerastativ aufgebaut. Er und Julia hatten sich geeinigt, einzig und allein ihre Hände von oben zu filmen (»ICH WILL NICHT ERKANNT WERDEN!«), und Günther hatte versprochen, das Video wieder mit »Ein herzliches Hallo aus Göttingen« einzuleiten.

»Anonymer geht's ja nun nicht«, sagte ich und knuffte Julia in die Seite. »Papa hat doch so viel Spaß an der Sache!«

»Ja doch, ich falte ja schon.«

Nach nur fünfzehn Minuten war »die Szene im Kasten«, wie Günther es formulierte. Anschließend drückte er auf der Kamera rum und sah sich das Video auf dem kleinen Bildschirm auf der Rückseite an. Ganz ergriffen sagte er: »Leute, das ist richtig, richtig gut geworden.«

Er streckte uns die Handfläche zum Einschlagen entgegen, und Julia murmelte wieder: »Das glaubt mir keiner.«

Später ergründeten Günther und ich während des Abendbrots Julias Liebeskummer. Mit Ach und Krach quetschten wir aus ihr heraus, dass sie Richard gar nicht zurückhaben wollte. Es ging ihr nämlich um etwas ganz anderes. »Kann man nicht erwarten, dass auch er eine gewisse Trauerzeit einhält? Ich meine, ich kann immer noch nicht *Tatort* gucken* und er ist glücklich. Stellt euch vor, er hat sie beim Abschiedskuss sogar hochgehoben. Wie in dieser Szene von *Notting Hill*. O Gott, mir wird ganz schlecht, wenn ich dran denke.«

Bevor ich den Klassiker »Lieber ein Ende mit Schrecken als ein Schrecken ohne Ende« zum Besten geben konnte, sprang Dr. Sommer alias Günther ein.

»Das ist einfach unlogisch«, warf er ein. »Ich meine, gehen wir die ganze Sache mal stochastisch an.« Er nahm die Butterdose in die rechte und das Käsemesser in die linke Hand. »Das bist jetzt mal du«, er zeigte auf die Butterdose, »und das ist Richard«, er zeigte auf das Käsemesser. »Ihr beide seid vollkommen unabhängig voneinander und habt keine Schnittmenge. Ein Ereignis, das nur B betrifft, also das Messer, hat keine Auswirkungen auf A, also die Butterdose... äh... dich! Das Eintreten von A beeinflusst das

* *Haben sie jeden Sonntag gemeinsam gesehen.*

275

Eintreten von B nicht.« Er sah in unsere ratlosen Gesichter. »Vielleicht müsste ich euch mal ein Baumdiagramm dazu aufmalen.« Wir konnten ihn gerade noch davon abbringen, Stift und Zettel zu holen.

Der restliche Abend ist schnell erzählt: Wir haben den Rest des Champagners verputzt, und Julia bestand auf den Toast: »Auf die stochastische Unabhängigkeit der Butterdose.«

Freitag, 3. November

Julia geht es schon wieder besser. Ich weiß nicht, ob es an Günthers unkonventioneller Liebeskummertherapie von gestern Abend liegt, aber sie hat heute nicht einmal mit leerem Blick die Wand angestarrt. Im Gegenteil: Sie war sogar richtig aktiv. Morgens haben wir zusammen Besorgungen in der Stadt erledigt, mittags bestand sie darauf, ihr Lieblingsgericht für uns zu kochen (Zitronen-Spaghetti, seeehr lecker!), und danach bestanden Günther und ich darauf, dass sie zusammen mit uns die *Küchenschlacht* guckt. Hat sie ohne zu murren mitgemacht. Sie war sogar so dabei, dass sie am Ende rief: »Wenn das Cordon bleu nicht weiterkommt, dann schrei ich!«

Die Sendung war gerade vorbei, als es an der Tür klingelte.

»Erwartet ihr noch Besuch?«, fragte Julia. Günther und ich schüttelten die Köpfe. »Nicht, dass wir wüssten.«

Günther ging zur Tür und kam zwei Minuten später zurück – mit Brigitte und Eddie. Nachdem er neulich die Büchse der Pandora (www.check24.de!) geöffnet hatte, hatte Brigitte ja schon gefragt, ob Günther nicht irgendwann mal nach einer günstigen Hundekrankenversicherung für Eddie im Internet Ausschau halten könnte.

Das »irgendwann« war wohl heute.

»Hallo Rosa, ah, und Julia ist auch da. Ich wollte nur mal kurz vorbeischauen, Günther hatte ja versprochen... also, wegen der Versicherung für Eddie... nur wenn es passt... wirklich, ich will nicht stören... aber schön wär's natürlich... also er hatte es ja auch angeboten...«

»Na klar, Brigitte.« Günther zog einen Stuhl vom Esstisch. »Setz dich, wir gucken mal, was wir für ein feines Angebot für euch basteln können.«

Brigitte setzte sich erleichtert, Eddie sprang mit einem Satz auf Günthers Fernsehsessel, und Julia flüsterte mir kichernd zu: »Papa spricht wie ein Versicherungsvertreter.«

In den nächsten zwei Stunden *sprach* Günther nicht nur wie ein Versicherungsvertreter, sondern er wurde zu einem. Er holte Papier und Stift aus Tante Lottis Sekretär, klappte das Tablett auf und sagte dann entschlossen: »So, Brigitte, dann wollen wir mal! Eddies Gesundheit ist nur einen Klick entfernt.«

Ein Klick war wohl etwas optimistisch, denn wie sich herausstellte, konnte man auf der Seite zig verschiedene Optionen und Auswahlmöglichkeiten anklicken. Und noch dazu stellte sich Brigitte als ziemlich geizig heraus.

Nach und nach klickte sich Günther durch das Menü und las Brigitte die verschiedenen Fragen vor.

Günther: »Ist der Hund reinrassig oder ein Mischling?

Brigitte: »Was ist denn billiger?«

Günther: »Keine Ahnung. Was ist er denn?«

Brigitte: »Reinrassiger Golden Retriever. Aber wenn es billiger ist, könnte er auch Mischling sein, oder?«

Günther: »Brigitte!«

Brigitte: »Ich meine, prüft das jemand? Kommt da jemand vorbei, um zu gucken, ob unser Eddie reinrassig ist? Ich könnte ja zur Not auch sagen, dass er nur aussieht wie ein Golden ...«

Günther: »Brigitte, bitte. Ich logge jetzt reinrassig ein.« Klick. »So, nächste Frage. Alter in Jahren.«

Brigitte: »O Gott, Eddie ist schon elf! Das ist bestimmt unbezahlbar. Gib mal vier ein.«

Günther: »Brigitte!«

Brigitte (kleinlaut): »Na schön. Elf.«

Günther: »Schulterhöhe des ausgewachsenen Hundes in Zentimetern.«

Brigitte: »Uwe hat ihn gemessen. 59 Zentimeter. Aber wenn es billiger ist, könnte er auch kleiner sein.«

Günther: »Brigitte, bitte. Bleiben wir doch bei der Wahrheit.«

Brigitte: »Hhm.«

Günther: »Ist eine Chip- oder Tätowiernummer vorhanden?«

Brigitte: »Wäre das gut oder schlecht?«

Günther: »Brigitte, ich weiß es nicht. Sag doch einfach, wie es ist.«

Brigitte: »Na schön. Ja.«

Günther: »›Weiteren Hund eingeben‹ überspringen wir ...«

Brigitte: »Haben wir nicht … obwohl, wird's dann billiger?«

Günther: »Bri-git-te!«

Brigitte: »War doch nur eine Idee … wir könnten ja Marlies' Hund mit in die Police …«

Günther: »Bri-git-te!«

Brigitte: »Jajaja.«

Günther: »Vollschutz inklusive OP-Schutz oder nur OP-Schutz?«

Brigitte (sah auf Eddie, der den Kopf auf der Sessellehne abgelegt hatte und sie mit großen Kulleraugen direkt ansah): »Herrschaftszeiten, dann nehmen wir den Vollschutz.«

Als Brigitte und Eddie weg waren, enthaarte Günther für den restlichen Abend seinen Fernsehsessel. Und Julia (»Jetzt bin ich doch glatt auf eine Idee gekommen.«) fertigte am Küchentisch eine Liste an: »Hausrat, Autoversicherung, Strom, Gas, Handy.« Nach all diesen Sachen soll Günther für sie im Internet gucken.

Ich sehe das Schicksal kommen: Günther wird für den Rest seines Lebens Tarife vergleichen.

Samstag, 4. November

Die gute Nachricht: Das Video, wie Julia den Geldfisch faltet, ist auf YouTube »eingeschlagen wie eine Bombe« (O-Ton Günther). Während des Frühstücks hat er uns zwei Kommentare vorgelesen. Von wildfremden Menschen, wie Günther mehrfach betonte. Kommentar 1: »Musik wäre noch klasse, ansonsten einfach toll! Funktioniert auch mit australischen Dollarscheinen ganz prima!!!:) Vielen Dank.« Kommentar 2: »Circa bei Minute 5 musste ich ein paarmal die Stelle wiederholen, bis ich den Dreh verstanden habe, aber ansonsten konnte ich es locker mit dir mitfalten. Schön langsam und sehr gut sichtbar. Mein erster Versuch ist richtig schön geworden, und es sieht sooo aufwendig aus.«

Günther stolz wie Oskar. Er will weitere Faltvideos aufnehmen.

Die schlechte Nachricht: Julia hat heute Nachmittag ein Software-Update auf unserem Tablett gemacht. Alles sieht anders aus. Die Symbole sind plötzlich ganz anders. Und die Anordnung! Alles durcheinander. Erkenne nichts mehr. Fix und fertig. Was haben wir Julia getan?

Sonntag, 5. November

Waren alle drei den ganzen Nachmittag bei Tante Lotti im Heim. Als auf dem Hinweg *Männer sind Schweine* im Radio lief, drehte Julia die Musik so laut auf, dass Günther und ich kurz vor dem Herztod waren, aber sie sang so gut gelaunt mit, dass wir uns nur stumm zunickten und die vier Minuten irgendwie hinter uns brachten. Seitdem habe ich so ein komisches Brummen im Ohr. Höre schon, wie mich irgendwann der HNO-Arzt eindringlich fragt: »Und Sie wissen wirklich nicht, woher Ihr Tinnitus kommt, durch den Sie neunzig Prozent Ihres Hörvermögens eingebüßt haben?« »Nun ja, da war dieses Lied. Im Radio. Meine erwachsene Tochter hat es so laut aufgedreht, weil ihr Exfreund, den sie ja gar nicht mehr zurückhaben will, an einer Bushaltestelle eine andere Frau hochgehoben hat. Sie verstehen…« Äh ja… Was macht man nicht alles als Mutter?

Julia kam auf jeden Fall höchst vergnügt im Heim an und drückte Tante Lotti so doll, dass diese nach Luft schnappte. »Ach Tante Lotti, ich freu mich so für dich«, rief Julia. (Gutes Zeichen! Sie schien das Thema »Zwei glückliche Menschen heiraten einander« nicht mehr zu belasten.)

Kurze Zeit später wurde es aber noch einmal emotional. Wir saßen alle zusammen im Wintergarten, als Wilhelm Reinke plötzlich vom Ehegelöbnis erzählte, das er und Tante Lotti am Vormittag ausgearbeitet hatten. »Es ist wunderschön geworden«, flüsterte Tante Lotti, und

Wilhelm Reinke nahm sanft ihre Hand. »Dass wir uns gefunden haben…« Waren alle gerührt. Da saßen sie plötzlich, die drei Generationen weinender Frauen: Tante Lotti weinte wegen Wilhelm Reinke, ich wegen Tante Lotti und Julia wegen Richard.

Es war Günther, der die ganze Situation auflöste.

»Vielleicht ist es nicht der passende Moment, aber wir müssen kurz etwas Technisches besprechen.«

»Was denn, mein Lieber?« Tante Lotti schnäuzte sich die Nase.

»Ich muss in der Kirche Kabel verlegen. Erst hatte ich gehofft, dass mein Akku…« Weiter kam er nicht. »Du willst waaas?«, fragte Tante Lotti und klang plötzlich wie die demente Frau Weiß.

Günther rückte schließlich mit der Sprache raus, dass er die gesamte Trauung filmen möchte.

»Für Jutub?«, fragte Tante Lotti.

»Nein, nur als Erinnerung!«

Tante Lotti und Wilhelm waren sich einig, dass dies eine schöne Idee sei (sehe schon, wie Frau Weiß sich in Zukunft jeden Tag das Video ansehen muss), allerdings fiel Tante Lotti dann doch noch eine Einschränkung ein.

»Ich sehe aber nur von links gut aus. Günther, versprichst du mir, dass du mich nur von links filmst?«

»Mach ich«, sagte Günther. »Natürlich!«

Plötzlich schlug sie die Hände über dem Kopf zusammen.

»Wilhelm sieht auch nur von links gut aus!«, rief sie. »Rechts hat er doch die Narbe.«

Günther war schon nicht mehr so euphorisch.

»Ich guck mal, was ich machen kann«, sagte er versöhnlich.

Da fiel Julia ein, dass sie ebenfalls nur von links gut aussieht.

Und je länger ich darüber nachdachte, wurde mir klar, dass auch ich nur von links gut aussehe.

»Alle dürfen nur von links gezeigt werden«, fasste Tante Lotti zusammen. »Ist doch leicht zu merken, oder?«

»So kann ich nicht arbeiten«, stieß Günther ernsthaft verzweifelt hervor, und die drei Generationen weinender Frauen konnten wieder lachen.

Montag, 6. November

Julia geht es wirklich wieder besser. Auf meine vorsichtige Frage: »Und, denkst du ab und zu noch an Richard?«, antwortete sie mit: »Richard? Welcher Richard?«

Dienstag, 7. November

Julia ist endgültig über den Berg. Im Internet hat sie sich hohe Schuhe mit einer roten Sohle für irrwitzige 545 Euro bestellt. »Damit stöckel ich bei Tante Lottis Trauung durch die Kirche und verdreh dem Pastor den Kopf«, sagte sie fröhlich.

»Du meinst dem 73-jährigen Pastor Böhnlein?«, entgegnete ich trocken.

»Irgendein männliches Wesen wird sich ja wohl finden lassen, um mich und meine Schuhe anzuhimmeln.« Julia gluckste.

Da ist er schon wieder, dieser verwegene Gedanke: Ich könnte ja Dr. Friedrichsen zur Hochzeit einladen. Die beiden würden sooooooo ein schönes Paar abgeben. Und er ist sooooo nett.

(Es ist nie gut, wenn eine Mutter plötzlich in so vielen Os denkt.)

Abends

Ich habe gerade eine E-Mail ans Krankenhaus geschrieben: »Sehr geehrte Damen und Herren, vor ein paar Wochen wurde der zukünftige Ehemann (91 Jahre alt) meiner Tante (89 Jahre alt) bei Ihnen mit einer schweren Blasenentzündung eingeliefert. Herr Dr. Friedrichsen (Station 5, dunkle, verschwuschelte Haare, etwa 1,90 Meter groß, etwa 40 Jahre alt)* hat ihn so gut behandelt, dass ich ihn im Namen der ganzen Familie gerne zur Hochzeit einladen möchte. Die Trauung findet am kommenden Samstag um 11 Uhr in Sankt Katharina statt.

Wir würden uns freuen! Ihre Rosa Schmidt. ♠ ♀ 👫 ♥ ♥ ♥ 💍 **«

Ogottogottogott.

---

* Lieber beschreibe ich ihn ganz exakt. Nicht dass es auch noch einen alten, unansehnlichen Dr. Friedrichsen in dem Krankenhaus gibt.

** Grundgütiger, ich konnte nicht anders. Ich *musste* einfach Emojis einbauen. Wahrscheinlich habe ich so eine Art Emoji-Tourette.

Mittwoch, 8. November

Waren den ganzen Tag im Club und haben ein Video für Tante Lotti und Wilhelm Reinke gedreht. Bin richtig stolz, es ist so toll geworden! Zu Beginn sieht man alte Fotos von den beiden im Wechsel (Manfred hat uns einen ganzen Packen von Wilhelm geschickt, und ich hatte auch noch ganz viele von Tante Lotti von früher). Mit dem Programm Magix (Günther hat recht, das brauchen wir auch zu Hause!) haben wir dann ganz tolle Übergänge zwischen die einzelnen Bilder geschnitten (kamen uns vor wie echte Regisseure). Außerdem konnte man in die Fotos immer rein- und rauszoomen, Kinder, was haben wir gezoomt! Darunter haben wir das Lied *Love me tender* von Elvis gelegt, und schon beim Schneiden hatten alle Gänsehaut. Wie soll das bloß bei der Vorführung vor Tante Lotti und Wilhelm Reinke werden?? Gemäß dem Motto »Never change a winning team« (so hat Günther II das ausgedrückt) haben wir uns dann alle vor dem Club aufgestellt und ein Gedicht in die Kamera gesprochen:

»Lotti und Wilhelm, unser besonderes Paar,
im Herzen ganz jung, wie wunderbar!
Ihr habt euch gefunden, und das ist nett,
ganz ohne dieses Internet,
denn auch wenn wir Fans sind von PC und Co,
Am schönsten ist die Liebe doch einfach so!«

Konnte Adapter-Gisela sogar bequatschen, den Aufwärts-haken am Ende noch einmal zu machen. Sie ließ sich zum Glück nicht lange bitten. »Das ist doch Ehrensache, Rosa!«

Abends dann noch E-Mails der vergangenen Tage auf-gearbeitet. Über den Verteiler waren siebzehn Mails ge-kommen, und Julia sagte permanent: »Ich fass es nicht. Meine Mutter bekommt mehr Mails als ich.«

Freitag, 10. November

Letzter Tag vor der Hochzeit.

Günther wurde panisch, weil irgendeine Klappe an sei-nem Stativ kaputtgegangen ist.

Julia wurde panisch, weil ihre Schuhe immer noch nicht angekommen sind.

Ich wurde panisch, weil ich meine schwarze Ausgeh-tasche nicht finden kann.

Tante Lotti wurde panisch, weil eine schwarze Katze von links nach rechts über die Straße vor ihrem Fens-ter gelaufen ist.

Wilhelm Reinke wurde panisch, weil Tante Lotti pa-nisch geworden ist.

Kurz: Alle sind tiefenentspannt.
NICHT.

Samstag, 11. November

Tagesbilanz: drei Packungen Taschentücher verbraucht und eine halbe Ohnmacht überstanden.

Der Reihe nach.

Um halb neun machte ich mich fertig. Um halb zehn sollte ich schließlich schon bei Tante Lotti im Heim sein, um ihr beim Anziehen und Schminken zu helfen. (MM... halt, wir sagen ja jetzt Manfred... würde parallel Wilhelm Reinke beim Fertigmachen helfen.) Julia und Günther würde ich dann direkt in der Kirche treffen. Obwohl die beiden also viel, viel mehr Zeit als ich am Morgen hatten (ich hatte dummerweise auch noch leicht verschlafen), waren *sie* es, die mich in den Wahnsinn trieben. Günther saß stöhnend mit der Videokamera am Küchentisch. »Ständig Fehlermeldungen, das gibt's doch nicht.« Er klickte auf dem Display rum. »Nein! Schon wieder. Jetzt fährt das Ding auch noch runter. Ich fass es nicht. Rosa, sag doch mal was.«

»Ich muss mich wirklich beeilen. Frag doch Julia, ob sie helfen kann.«

»Deine Tochter sagt, sie kann mir nicht helfen.«

»Ja, dann weiß ich auch nicht weiter.« Ich hetzte ins Badezimmer, um meine Lockenwickler rauszudrehen, und hörte Günther hinter mir rufen: »Wieder eine Fehlermeldung. Ich kann nicht mehr! Was machen wir nur?«

»Vielleicht erst mal meine schwarze Tasche suchen?«, schrie ich in die Küche, woraufhin ich nur ein lautes Stöhnen hörte.

Auch Julia war keine große Hilfe. Im Gegenteil: Weil ihre Schuhe immer noch nicht angekommen waren, war sie ein einziges nervliches Wrack. Um neun Uhr hatte sie schon fünf verschiedene Phasen durchlebt:

8:00 (schlaftrunken): »Ich habe doch tatsächlich geträumt, dass die Schuhe nicht angekommen sind.«

8:01 (panisch): »O Gott, das ist wahr, oder?«

8:10 (summend): »Der Postbote kommt bestimmt gleich!«

8:20 (schreiend): »ICH HAS-SE DIE POST!!!«

8:30 (resignierend): »Es hat einfach alles keinen Sinn mehr.«

Seitdem lag sie geistesabwesend auf dem Sofa.

»Julia, ich muss gleich los«, sagte ich und packte nebenbei hastig die Schminke für Tante Lotti ein. »Kannst du bitte noch mal wegen meiner schwarzen Tasche mitgucken?«

»Das ist nicht dein Ernst!«

»Im Gegenzug zu deinen Schuhen befindet sich meine Tasche nachweislich in diesem Haus. Wäre es nicht schön, wenn zumindest eine von uns…«

»Mama, ich hab da jetzt echt keinen Kopf für.«

Hetzte eine letzte Runde durchs Haus, um nach der Tasche zu suchen, und wehrte mit Ach und Krach Julia (»Kannst du nicht vielleicht noch mal bei den Nachbarn fragen, ob da was abgegeben wurde?«) und Günther (»Wirf doch bitte nur einen Blick auf die Kamera.«) ab. Kurz: Ich war noch nicht einmal bei Tante Lotti im Heim und hatte schon einen Puls von 180. Als ich gerade aufbrechen wollte (mitsamt einer beigefarbenen Tasche, niederschmetternder Plan B), klingelte es an der Haustür. Julia rannte mit den Worten »Bitte lass ein Wunder geschehen« nach vorne und kam mit den Worten »Der Schuhgott hat ein Einsehen!« zurück. In den Händen hielt sie ein riesiges Paket, das sie sofort auf dem Boden des Wohnzimmers auspackte. »Großer Gott, sind die schön! Noch schöner als auf den Bildern. Mama, guck mal!«, hörte ich sie rufen.

Ich rannte ins Wohnzimmer. »Ich muss wirklich los, Tante Lotti wartet!«

Julia hielt einen schwarzen Pumps in den Händen, die Sohle schimmerte in edlem Rot. »Sind sie nicht wunderwunderschön?«, seufzte sie, zog ihren Strumpf aus und schlüpfte mit einem Fuß hinein. »Und bequem sind sie auch ... o Gott.« Dann sah Julia mich plötzlich entsetzt an, und ihr Gesicht morphte von himmelhoch jauchzend zu zu Tode betrübt.

»Was ist?«

»Sie sind zu klein!«, schrie sie.

Während Julia sich unter Stöhnen in den zweiten Schuh hineinzwängte, warf ich einen Blick auf den Karton. Julia hatte eine französische Größe bestellt. Statt einer 39 eine 38!

»Mir würden sie passen«, sagte ich und konnte mir ein Schmunzeln nicht verkneifen.

»Was nicht passt, wird passend gemacht«, sagte Julia unbeirrt und stellte sich hin. »Aua!«

Ich hatte eigentlich gedacht, dass nach diesem Aufschrei das Thema vom Tisch sei, doch Julia war wild entschlossen, die Schuhe zu behalten. In einem waghalsigen Dreiklang redete sie sich die Schuhe schön. »Ich trag sonst immer Turnschuhe, deswegen sind ja alle Schuhe erst mal unbequem.« »Wir sitzen ja eh viel.« »Geishas binden sich auch die Zehen ab.«

»Nun sei doch vernünftig! Überleg mal, wie teuer die waren.« Ich senkte meine Stimme, weil Günther auf gar keinen Fall mitbekommen durfte, *wie* teuer sie waren. »Du kannst doch keine Schuhe für 500 Euro behalten, die nicht passen«, zischte ich.

»Wie teuer waren die???«, schrie Günther aus der Küche.

»Na toll, da haben wir den Salat. Jetzt weiß auch Papa Bescheid!«

Julia ließ sich nicht umstimmen. Sie habe sich nach Richard nun wirklich schöne Schuhe verdient und sich so gefreut, sie heute zu tragen. »Ich lass mir da jetzt nicht mehr reinreden. Die behalte ich. Außerdem weiten die sich ja noch.«

»Höchstens in der Breite. Doch nicht in der Länge.«

»Doch, auch in der Länge«, sagte sie trotzig.

Nun denn: Der Glaube versetzt bekanntlich Berge – und vielleicht ja auch Schuhgrößen.

Durch Julias Schuhaktion kam ich fast zwanzig Minuten zu spät im Heim an. Als ich den Flur betrat, kam mir schon Schwester Marianne mit ein paar Bewohnern im Schlepptau entgegen.

»Bis gleich«, flüsterte sie und nickte zu Tante Lottis Zimmer am Ende des Gangs. »Sie weiß von nichts!«

Als Überraschung hatte Marianne nämlich geplant, alle Bewohner (bis auf die bettlägerigen natürlich) zur Trauung in die Kirche zu fahren.

»Bis gleich«, flüsterte ich zurück. »Das ist eine wirklich tolle Idee von Ihnen gewesen, wird bestimmt schön!«

Schwester Marianne blieb stehen. »Ach, wissen Sie, wir sind alle so glücklich, dass die beiden sich gefunden haben. Im Alter noch so ein Glück zu erleben, das ist schon was ganz Besonderes.«

Ich war so gerührt, dass ich spürte, wie meine Augen feucht wurden. »Da sagen Sie was!«

Da war er, mein erster Taschentuchmoment.

Es sollten im Laufe des Tages noch so einige weitere folgen.

Taschentuch 2: Nachdem ich Tante Lotti geholfen hatte, ihr Kleid anzuziehen, trug ich ihr etwas Rouge auf. Tante Lotti kicherte. »Ich werde noch zur richtig feinen Dame. Früher haben wir uns nur in die Backen gekniffen.« Sie nahm mein Gesicht in beide Hände und kniff links und rechts so stark rein, dass es wehtat. »So geht das!«, sagte Tante Lotti stolz. »Herr im Himmel, jetzt bist du aber wirklich ordentlich rot.« Wir mussten beide lachen. Plötzlich aber wurde Tante Lotti schlagartig ernst. »Rosa, was ich dir schon lange sagen wollte: Ich bin so glücklich, dass ich dich habe.« Sie nahm sanft meine Hand und sah mir in die Augen. Direkt angefangen zu weinen. Beide.

Taschentuch 3: nur zehn Minuten später gebraucht. Tante Lotti und Wilhelm Reinke – in Begleitung von MM, der einen tadellos sitzenden Anzug trug – sahen sich am Taxi vor der Tür zum ersten Mal in ihrer Festgarderobe. Tante Lotti schnappte nach Luft, als sie Wilhelm Reinke erblickte: dunkelblauer Anzug, goldene Manschettenknöpfe, passendes Einstecktuch. Leicht rot schimmernde Wangen, die ihn richtig jugendlich aussehen ließen. Anscheinend war ich nicht die Einzige gewesen, der man heute in die Backen gekniffen hatte.

»Wilhelm«, stieß Tante Lotti hervor.

Vollprofi Wilhelm Reinke rezitierte natürlich erst einmal einen Vers: »Mein schönes Fräulein, darf ich's wagen, meinen Arm und Geleit ihr anzutragen.«

Direkt wieder angefangen zu weinen. Tante Lotti und ich. Die Männer hochgradig feuchte Augen bekommen.

Tante Lotti und Wilhelm Reinke fuhren mit dem Taxi voraus, ich mit Manfred in meinem Auto hinterher. Punkt zehn vor elf erreichten wir die Kirche, Pastor Böhnlein wartete schon auf uns. Nachdem Tante Lotti es geschafft hatte, aus dem Taxi zu kommen (ihr Kleid verhedderte sich kurz an der Schwelle, aber Wilhelm Reinke rettete sie mit einem beherzten Griff), wurden sie von Pastor Böhnlein begrüßt. Er ging mit offenen Armen auf die beiden zu und sprach in dieser typischen Predigttonlage: »Wo zwei oder drei versammelt sind in meinem Namen, da bin ich mitten unter ihnen.«

Tante Lotti seufzte vor Rührung, und Wilhelm Reinke sagte nach einer Weile mit gebrochener Stimme: »Das bedeutet uns sehr viel.« Taschentuch 4.

Manfred und ich überholten die drei und gingen flotten Schrittes in die Kirche. Wir wollten ja sehen, wie sie einziehen. Im Vorraum mussten wir uns den Weg durch etliche Rollstühle und Rollatoren bahnen. Plötzlich an Tante Lottis Alter gedacht. Und das eigene. Taschentuch 5.

In der zweiten Reihe entdeckten wir Julia und Günther, die uns zwei Plätze freigehalten hatten. Nun, das Freihalten wäre nicht wirklich nötig gewesen. Denn nur die ersten vier Reihen dieser riesigen Kirche waren überhaupt besetzt. Aber es fiel gar nicht weiter auf, denn die Gäste, die da waren, waren mit vollem Herz dabei. Hinter uns saßen

Ute und Wolfgang (Ute war schon am Schniefen, obwohl es noch gar nicht angefangen hatte). Auch Irene und Kurt, die neben ihnen Platz genommen hatten, wirkten feierlich-mitgenommen. Auf der anderen Seite entdeckte ich Günther II und Adapter-Gisela, dahinter die Bewohner aus dem Heim. Manche blätterten aufgeregt in den Gesangbüchern, andere hielten sich an den Händen. Schwester Marianne saß zwischen ihnen und winkte mir zu. Ihre Augen glänzten. Taschentuch 6.

Plötzlich Dr. Friedrichsen in der vierten Reihe entdeckt. Herzstillstand und Taschentuch 7.

Wollte gerade Julia zuflüstern, dass Dr. Friedrichsen tatsächlich gekommen war und drei Reihen hinter uns saß, sie sich aber ja nicht umdrehen sollte, aber vielleicht mal unauffällig den Blick schweifen lassen könnte, als die Orgel anfing zu spielen.

Alle Gäste erhoben sich (Taschentuch 8). Pastor Böhnlein schritt feierlich durch den Eingang, dahinter Tante Lotti und Wilhelm Reinke. Beide hielten sich fest an den Händen, und auf Tante Lottis Wange sah ich eine Glücksträne kullern. (Taschentuch 9-12.)

Die Trauung war dann das Emotionalste, was ich je erlebt habe. Pastor Böhnleins Predigt, das Ehegelöbnis (da hörte man in der ganzen Kirche ein einziges Schnäuzen überall) und das Tauschen der Ringe gingen so ans Herz, dass ich eigentlich permanent durchgeweint habe (Taschentuch 13–20). Selbst Günther wischte sich auffällig oft mit dem Handrücken durch die Augen (Und nein! Es gab keine Fliegen in der Kirche!). Nachdem Pastor Böhnlein den Segen gesprochen hatte, dachte ich, dass der Gottesdienst vorbei wäre. Doch plötzlich ertönte oben von der Orgel eine glockenhelle Stimme, und eine Sängerin setzte zu *Ave Maria* an.

»Habe ich organisiert«, flüsterte Manfred mir zu. »Sollte eine Überraschung sein.« Konnte gerade noch »Ist dir geglückt« von mir geben. Danach bis zum Schlussakkord durchgeweint (Taschentuch 21–24).

Beim Auszug zur Orgelmusik hielt ich mich ganz tapfer, ich hatte anscheinend mein ganzes Arsenal an Tränen unters Volk gebracht. »Würdest du mir die Schuhe vielleicht abkaufen?«, flüsterte mir Julia zu, während wir hinausgingen. »Kleiner Scherz«, schob sie hinterher. »Nach diesem ganzen Weinen wollte ich mal für einen Lacher sorgen.« Ich kniff sie in die Seite, und sie verlor fast die Balance. »Die weiten sich noch«, sagte sie und zwinkerte mir zu.

Draußen auf dem Vorplatz standen Schwester Marianne und Zivi Tim mit unzähligen roten Luftballons in den Händen. Tante Lotti und Wilhelm Reinke ließen sich von allen Seiten beglückwünschen, und ich hörte Tante Lotti in regelmäßigen Abständen aufgeregt juchzen. Auch ein Fotograf und eine Redakteurin von der Zeitung waren gekommen. (Ich hatte ihnen Bescheid gegeben, und sie waren ganz begeistert gewesen. Zitat: »Das können wir unseren Lesern nicht vorenthalten.«) Doch gerade als der Fotograf ein Foto machen wollte, machte Tante Lottis Kreislauf nicht mehr mit. (Sie hat da öfter Probleme.) Sie sank fast in sich zusammen, wurde aber von Wilhelm Reinke heldenhaft aufgefangen. Ich sah aus den Augenwinkeln, wie Dr. Friedrichsen herbeieilen wollte, doch zum Glück kam es nicht zur vollständigen Ohnmacht. »Huch«, rief Tante Lotti. »Da hätte ich mich wohl fast verabschiedet.« Alle lachten erleichtert, und der Fotograf drückte ab.

Doch so kam es, dass Dr. Friedrichsen bei uns in der Nähe stand, und ich nutzte prompt die Gelegenheit, ihn Julia vorzustellen. Nach einer Minute Small Talk ließ ich die beiden allein und verdrückte um die Ecke heimlich eine Träne (Taschentuch 25). Meine Augen hatten anscheinend wieder genug Flüssigkeit produziert und das Motto »Feuer frei« ausgegeben. Auch das gemeinsame Mittagessen verlief natürlich nicht ohne Emotionen, da erst Wilhelm Reinke (Taschentuch 26) und dann Manfred (Taschentuch 27) jeweils ein Liebesgedicht rezitierten. Günther ließ sich nicht lumpen und hielt aus dem Stegreif eine Rede auf die beiden (Taschentuch 28), und Julia überreichte nach dem Dessert feierlich unsere Geldfische (Taschentuch 29). Als wir danach im Heim ankamen, hatte Schwester Marianne schon alles für das gemeinsame Kaffeetrinken vorbereitet. Sie hatte den Aufenthaltsraum so schön mit roten Herzgirlanden geschmückt und zwei Blumenkränze um die Plätze von Tante Lotti und Wilhelm Reinke gelegt, dass ich mich vor lauter Rührung setzen musste (Taschentuch 30). Während des Kaffeetrinkens spielte Zivi Tim das Lied *Herr, deine Liebe* auf dem Klavier, und alle sangen aus voller Kehle mit (Taschentuch 31). Danach auf einer großen Leinwand das Video aus dem Club gezeigt. Tante Lotti und Wilhelm Reinke weinten beide, und wir alle weinten mit (Taschentuch 32). Bestanden darauf, das Video viermal hintereinander zu sehen. Sogar Frau Weiß sagte bei der vierten Wiederholung: »Das kennen wir doch schon!«, aber Tante Lotti konnte einfach nicht genug bekommen. (Der Aufwärtshaken von Adapter-Gisela am Ende war wieder das Highlight!)

Zum Abschied gab es noch Danziger Goldwasser für alle, und Tante Lotti kiekste: »So, meine Lieben, jetzt werden wir zu Goldkehlchen.« Nach und nach verabschiedeten sich alle Bewohner vom Brautpaar und gingen auf ihre Zimmer. Es wurden letzte Glückwünsche ausgesprochen, und Herr Edelmann (alleinstehend, bekommt leider nicht viel Besuch) sprach aus, was wohl viele dachten: »Das war der schönste Tag, den wir je hier erleben durften.« (Taschentuch 33.) Auch wir verabschiedeten uns schließlich (Taschentuch 34 bis 37) und fuhren glückselig und strumpfsockig (Julia) nach Hause.

Sonntag, 12. November

Julia ist wieder gefahren. Wie bei jedem Abschied am Bahnhof ein Tränchen verdrückt.

Zu Hause wartete ein Zettel bei uns auf der Fußmatte. Von unserer Nachbarin Marlies. »Hallo Günther, Brigitte hat mir von deiner tollen Versicherungsberatung erzählt. Sag mal, können Jochen und ich deine Dienste auch in Anspruch nehmen? Das wäre toll! Wir könnten die Tage mit unseren Unterlagen vorbeikommen. Aber nur wenn's passt! Schöne Grüße Marlies«

Dezember

Jahresabschluss

Sonntag, 31. Dezember

Was bisher geschah:

- Tante Lotti hat sich geweigert, die Geldfische auseinanderzufalten.
- Wilhelm Reinke hat sie durch »Die Geldfische oder ich« zur Räson gebracht, und sie haben (in Begleitung von Zivi Tim) fünf Tage in Bad Kissingen verbracht.
- Julia und Dr. Friedrichsen haben zusammen einen Glühwein auf dem Weihnachtsmarkt getrunken. Danach sagte sie: »Dein Dr. Friedrichsen ist ja ganz sympathisch.« Will den Tag nicht vor dem Abend loben, aber wäre das nicht schön, wenn sich da was entwickelt?
- Ich hatte an fünf Tagen hintereinander den Pokal auf dem Fitness-Tracker.
- An Nikolaus hatten wir im Computerclub Tag der offenen Tür. Günther und Günther II haben abwechselnd die Führungen übernommen.
- Ich habe in der Stadt Klangschalen-Erika getroffen, und sie stellte mich ihrem Begleiter mit den Worten vor: »Das ist Rosa, die hat neulich ganz fantastisch bei mir geschlafen.«
- Zu unserem Hochzeitstag waren wir schick essen. Günther hat Fotos von unserem Vier-Gänge-Menü gemacht und sie als Collage auf Facebook gepostet.

– Irene hat angerufen: »Also, mir wird das alles zu viel. Kurt hat sich bei diesem Speditionsdingsda einen Premium-Account zugelegt, damit er noch einen Containerdienst betreiben kann. Er nennt das ›zweites Standbein‹. Hörst du, Rosa? Zweites Standbein! Das ist doch nur ein Computerspiel! Ich weiß wirklich nicht mehr weiter. Und in den Club will er auch öfter gehen. Was mach ich denn bloß?«
– Günther hat mir zum Geburtstag einen Saugroboter geschenkt.
– Ich habe neue Emojis entdeckt. Meine derzeitigen Top 3: 😎 😵 😌
– Hermann (aus dem Krankenhaus) hat uns eine Weihnachtskarte mit dem Aufdruck »I feel betta with lametta« geschrieben. Auf der Rückseite: »Hallo, ihr zwei Ganoven, ich wünsche euch eine besinnliche Zeit! Haut rein! Denn ihr wisst ja: An Weihnachten darf man sündigen – bis man nicht mehr in den Beichtstuhl passt. Ich war gerade krank, nix Schlimmes. Inzwischen wieder auf dem Damm. Wenn man seinen Furz wieder riechen kann, ist die Erkältung vorbei. Allet Jute und bis bald, euer Hermann.«
– Wir haben ein »techniklastiges Weihnachtsfest« (O-Ton Julia) gefeiert. Günther und ich haben uns zusammen ein neues Tablett geschenkt (den ganzen Abend rumgeklickt und ausprobiert), und Julia bekam einen Fitness-Tracker von uns. Unter großem Protest am ersten Weihnachtstag langen Spaziergang im Schnee gemacht und abends Laufdaten analysiert.

Wir haben jetzt 19 Uhr, gleich kommen Ute und Wolfgang zum Raclette-Essen vorbei. Der Sekt ist kalt gestellt, das

Wohnzimmer haben wir mit Papierschlangen geschmückt, und für später liegt ein Set zum Bleigießen bereit. Wenn ich an die letzten zwölf Monate denke, muss ich immer noch grinsen. Was war das doch für ein Auf und Ab. Wobei – es gab eindeutig mehr Aufs als Abs. Kurz: Das neue Jahr kann kommen! Bin gespannt, was es für uns bereithält. Günther hat zwischen den Jahren beunruhigend oft die Worte »Urlaub« und »weg« bei Google eingegeben. Was bitte plant der Mann?

Halt, bevor ich es vergesse: Schreiben Sie mir doch mal. Sie wissen doch: online-rosa-schmidt@web.de. Dass ich das einmal sagen würde: Ich freue mich über eine E-Mail!

Willkommen im Mittelalter

Lucinde und Heike sind um die fünfzig. Früher dachten sie, das wäre das Alter, in dem man endlich angekommen ist. Seriös. Souverän. Würdevoll! Jetzt wissen sie es besser: Das Märchen vom In-Würde-Altern haben sie durchschaut. Also beschließen sie, nur noch das zu tun, worauf sie Lust haben – aus der langweiligen Oper abhauen etwa oder auf gängige Schönheitsideale pfeifen und trotzdem Botox ausprobieren. Auf die Gefahr hin, dass ihre Kinder sie irgendwie peinlich finden. Und dass sie womöglich auch mit achtzig noch längst nicht angekommen sein werden …

PENGUIN VERLAG

Die Wahrheit über die Liebe, den Tod und die Pizza am Abend

Matteo Bussola hat drei kleine Töchter. Sie sind neu-
gierig, naseweis, und sie würden jahrelang auf den
Frühling verzichten, wenn es dafür nur jeden Abend
Pizza gäbe. Vor zwei Jahren begann Bussola damit,
seinen Alltag auf Facebook zu dokumentieren, und
begeisterte damit spontan hunderttausende Menschen.
Denn wie diese drei kleinen Persönchen ihrem Vater die
Welt erklären, trifft den Leser mitten ins Herz. Sie sind
authentisch, sie sind witzig, sie sind unschlagbar in ihrer
kindlichen Logik – und sie stellen alles infrage, was wir
über das Leben und die Liebe zu wissen glaubten.

So ewig wie das Meer.
So unvergesslich wie der erste Kuss.
Manchmal ist Liebe für immer.

An einem Sommermorgen erlebt die zwölfjährige
Maeve an einem Strand in Florida zwei Dinge, die ihr
Leben für immer verändern: Sie küsst Daniel, ihre
erste große Liebe. Und sie wird von einem Hai gebissen.
Achtzehn Jahre später reist Maeve als Meeresbio-
login um die Welt und erforscht das Verhalten von
Haien. Doch an ihrem dreißigsten Geburtstag kehrt
sie zurück in das Hotel ihrer Großmutter, in dem sie
aufwuchs. Und an den Strand, den sie noch immer
mit Daniel verbindet. Als sie dort einem kleinen
Mädchen begegnet, wird ihr klar, dass sie nicht
ewig fliehen kann. Vor ihrer Vergangenheit, vor der
Liebe – und vor dem Mann, der ihr Herz brach.